Beate Scherrmann-Gerstetter/
Manfred Scherrmann

Das Brave-Tochter-Syndrom

... und wie frau sich davon befreit

HERDER
FREIBURG · BASEL · WIEN

Gedruckt auf umweltfreundlichem,
chlorfrei gebleichtem Papier

2. Auflage

www.herder.de
Satz: Rudolf Kempf, Emmendingen
Herstellung: fgb freiburger graphische betriebe 2007
www.fgb.de
Umschlaggestaltung und Konzeption:
R·M·E München / Roland Eschlbeck, Liana Tuchel
Umschlagmotiv: © getyimages
ISBN 978-3-451-05674-1

Inhalt

Sie war eine „gute Tochter“,
die den Erwartungen der Eltern entsprach
und vieles von dem ausglich,
was zwischen ihnen nicht stattfand.
Sie war der Trost der Mutter
und der Stolz des Vaters.
Sie war immer da,
wenn sie gebraucht wurde,
und sie brauchten sie ständig.
Früh schon lernte sie,
dass es gut war,
die Gefühle der Eltern zu fühlen,
ihre Gedanken zu denken,
ihr Wollen wichtiger zu nehmen
als das eigene Wünschen,
sich so handlich zu machen,
wie es nur irgend ging.
Sie war eine „gute Tochter“,
aber sie hat nie ihr Leben gelebt,
und niemand weiß,
wer sie eigentlich war.

Antje Sabine Naegeli

Vorwort

Brave Töchter gibt es in allen Altersstufen. Manche sehen sich selbst als Brave Tochter. Manche würden nie auf die Idee kommen, sie seien ein Brave Tochter, und doch gehören sie zu dieser weit verbreiteten „Spezies". Manche von ihnen sind innerlich und oft auch äußerlich schon weite Wege gegangen und sind im Kern dennoch Brave Töchter geblieben. Auch wenn es deutliche Unterschiede gibt: Etwas Gemeinsames hat ihr Leben in starkem Maße geprägt. Was da im Hintergrund wirkt, ist Thema dieses Buches. Außerdem wird es um die Frage gehen, wie gegen alle Widerstände Veränderung möglich ist.

Was wir unter einer Braven Tochter verstehen, ist vielschichtig. Dazu gehört mehr, als brav, lieb, angepasst und unauffällig zu sein im Sinne des deutschen: „Sei schön brav!" Dazu gehört vor allem, tüchtig zu sein. Diesen Aspekt bringt etwa das italienische „Che brava!" zum Ausdruck, mit dem eine italienische „Mamma" ihre kleine Tochter lobt, die ganz alleine eine schwere Schüssel voll Spaghetti aus der Küche ins Esszimmer trägt: „Bist du tüchtig!" Und im englischen Wort „brave" = „mutig" ist dieser Aspekt ebenfalls enthalten.

Seit vielen Jahren leiten wir Wochenendseminare mit Familienaufstellungen. Teilnehmerinnen und Teilnehmer sind meist Frauen und Männer, die mitten im Leben stehen, nur in Ausnahmefällen ernsthaft krank oder psychisch extrem belastet. Viele kommen mit Anliegen bezüglich ihrer Partnerschaft, haben Probleme mit Kindern, oder sie möchten mit ihrem Vater oder ihrer Mutter etwas in Ordnung bringen, was nicht gut ist.

Im Laufe unserer Arbeit an diesen „normalen" Themen sind wir immer wieder auf eine ganz besondere Dynamik gestoßen, für die wir den Begriff „Brave-Tochter-Syndrom" geprägt haben. Den Begriff „Syndrom" haben wir ganz bewusst gewählt: Bei dieser Dynamik handelt es sich um ein sehr komplexes Phänomen, dessen Wurzeln nicht auf den ersten und oft auch nicht auf den zweiten Blick erkennbar sind; es ist auch nicht so leicht, die belastenden Symptome los zu werden. Viele Brave Töchter stehen so unter Leidensdruck, dass sie sich als krank erleben. Ihnen gelingt es oft nicht, trotz vieler Bemühungen, ihre Probleme ohne professionelle Hilfe „in den Griff" zu bekommen. Andererseits gibt es auch viele „leichtere Fälle"; manchen Braven Töchtern geht es sogar ihr Leben lang gut.

Auch außerhalb unserer Seminare begegnet uns diese Thematik häufig: mir in meiner Praxis für systemische Lösungen, meiner Frau in ihrem Beruf als Ehe-, Familien- und Lebensberaterin in einer Beratungsstelle. Zu uns kommen Frauen jeden Alters, berufstätig oder „Nur"-Hausfrauen, allein stehend oder verheiratet, mit Kindern oder ohne Kinder, die an einem Punkt angekommen sind, an dem es für sie nicht mehr so weitergehen kann wie bisher. Sie fühlen sich überfordert, belastet, niedergeschlagen, eingeengt, unzufrieden. Manchmal gibt es einen klar erkennbaren Auslöser dafür, dass sie Hilfe suchen, etwa wenn der Ehemann sich in eine andere Frau verliebt hat. Oft aber ist ihre Lebenssituation unspektakulär. Deshalb verstehen weder die Frauen selber noch ihre Umgebung, warum sie das Gefühl haben, sich in einer Sackgasse zu befinden.

Wenn von uns bei der Betrachtung ihrer Lebensgeschichte dann der Begriff des Brave-Tochter-Syndroms eingeführt wird, so ist das für sie oft wie eine Erleuchtung. Sie sind froh, endlich einen Namen für das zu haben, was sie so belastet. Und – was noch wichtiger ist – damit bekommen sie auch eine Vorstellung von dem, was sie tun können, um ihr Syndrom zu überwinden und frei zu werden für mehr Eigenes. Denn dass es darum im Grunde geht, leuchtet den meisten Frauen unmittelbar ein.

Das Eigene kann gelingen, wenn wir das Nicht-Eigene dort lassen können, wo es hingehört, vor allem zur Mutter und zum Vater. Das ist nicht immer leicht. Viele gehen in eine harte Lebensschule, und Umwege und Sackgassen gehören dazu. Was das Leben mit uns macht, ist unserem Verstehen nur beschränkt zugänglich. Hinter den Zaun zu schauen, könnte neue Perspektiven ermöglichen. Die Kunst, das eigene Leben neu sehen zu lernen, weg zu kommen von einer sich immer wiederholenden, einengenden Wirklichkeitskonstruktion, bringt uns in Bewegung, innen und außen.

In unseren Seminaren und in unserer beraterischen und therapeutischen Arbeit haben wir viele einzelne Facetten des Brave-Tochter-Syndroms wahrgenommen, und auch die eigenen lebensgeschichtlichen Erfahrungen ergänzten das Bild: Meine Frau ist eine Brave Tochter. Daher konnten wir auch privat häufig Erfahrungen mit dieser Dynamik machen, und viele Gespräche darüber haben uns bereichert.

Für Männer kann dieses Buch ebenfalls von Interesse sein, besonders für Ehemänner, die mit einer Braven Tochter verheiratet sind. Sie werden ihre Frau besser verstehen, und möglicherweise können sie auch ihren Teil dazu beitragen, dass Spannungen im Zusammenleben weniger werden. Zudem gibt es auch das Brave-Sohn-Syndrom. Doch manches ist bei Männern anders, bedingt durch die geschlechtsspezifischen Erziehungsziele und Rollenerwartungen.

Meiner Frau bin ich sehr dankbar für ihre Bereitschaft, dieses Buch im Interesse der vielen fragenden und suchenden Frauen zusammen mit mir zu schreiben – es gibt noch nichts Vergleichbares zu diesem Thema. Uns gemeinsam dieser Aufgabe zu stellen, war für uns spannend, anregend, herausfordernd und voller Entdeckungen. Die Teile 3 und 6 stammen von mir, alle anderen Teile von meiner Frau. Nur sie konnte als Brave Tochter die Innensicht kompetent darstellen.

Unser Dank gilt besonders den vielen Braven Töchtern unter unseren Klientinnen und Seminarteilnehmerinnen, die uns gelehrt haben, sie besser zu verstehen. Durch die Arbeit mit ihnen hat sich unser Verständnis für ihre besondere Thematik erweitert und vertieft. Sie haben als Brave Töchter Erfahrungen gesammelt, ohne die dieses Buch nicht hätte geschrieben werden können. Soweit ihre Erfahrungen in unsere vielen Beispiele eingeflossen sind, wurden diese so verfremdet, dass die Privatsphäre geschützt bleibt.

Wir wünschen allen unseren Leserinnen und Lesern, allen persönlich Betroffenen und allen beruflich mit Braven Töchtern Befassten eine anregende Lektüre mit vielen Aha-Erlebnissen. Wenn das Buch dazu beiträgt, Neues auszuprobieren und Altes zu lassen, dann hat es seinen Zweck erfüllt.

Teil 1: Das erfüllte Leben Braver Töchter

Wenn Sie zu diesem Buch gegriffen haben, ist Ihnen das Thema „Brave Tochter" vermutlich in irgendeiner Form vertraut. Vielleicht haben Sie spontan an jemand aus Ihrer Familie oder Ihrem Bekanntenkreis gedacht; vielleicht gehören Sie auch selbst zu jenen Frauen, die allen gerecht werden wollen, immer für andere Menschen da sind und dabei nicht so richtig zu ihrem Eigenen kommen. Wahrscheinlich ist Ihnen schon klar, dass es dabei um eine innere Haltung geht, die in allen Lebensbereichen zum Ausdruck kommt, und wahrscheinlich haben Sie auch eine ungefähre Vorstellung davon, was Brave Töchter von Nicht-Braven Töchtern unterscheidet.

Ein genaueres, möglichst farbiges Bild vom Leben Braver Töchter in Familie, Freizeit und Beruf zu zeichnen, darum wird es in diesem ersten Teil gehen. Ich möchte dabei das herausstellen, was typisch für Brave Töchter ist – die großen individuellen Unterschiede zwischen ihnen sollen durch den Blick auf das Typische natürlich nicht verwischt oder gar aufgehoben werden.

„Ich mach das schon" – im Dauereinsatz für die Familie

Für Brave Töchter, die eine Familie haben, stehen Mann und Kinder im Zentrum ihrer Aufmerksamkeit. Sie sind als Ehefrau und Mutter ausgesprochen fürsorglich. Ihre eigenen Bedürfnisse sind ihnen nicht so wichtig – sie sind zufrieden, wenn ihre Familie zufrieden ist. Natürlich möchten sie schon, dass Mann und Kinder im Haushalt mithelfen und dass bestimmte Regeln gelten, etwa dass die Kinder ihre

Zimmer in Ordnung halten. Doch sie haben viel Verständnis für die berufliche Belastung ihres Mannes und versuchen, ihm den Rücken frei zu halten, und sie sehen auch, dass die Schule die Kinder bisweilen ordentlich fordert. Und so sind Brave Töchter auch immer wieder bereit, Ausnahmen bei der häuslichen Lastenverteilung zu machen und vieles dann doch selber zu erledigen: „Lass nur, ich mach das schon ..." Eine Szene wie die folgende kommt Ihnen vielleicht bekannt vor:

Herr H. kommt um 19 Uhr nach einem 10-stündigen Arbeitstag ziemlich erledigt nach Hause. Eigentlich hatte er zugesagt, auf dem Heimweg noch Sprudel einzukaufen. „Natürlich" hat er doch nicht daran gedacht, und Frau H. setzt sich ins Auto, um noch vor Ladenschluss selber Nachschub zu holen. Und der Einfachheit halber bringt sie den Kasten dann auch gleich selber hoch in den 3. Stock – vielleicht hat sich ihr Mann ja etwas hingelegt, und der 17-jährige Sohn sitzt noch an einem Referat; ihn wegen einem Getränkekasten zu stören, das findet sie übertrieben. Sie selbst würde ja auch mal einen Kräutertee zum Abendessen trinken, aber da ihre „Männer" nun mal ihren Sprudel brauchen, ist es klar, dass sie ihn noch besorgt.

Der Blick einer Braven Tochter ist also erst einmal auf andere gerichtet – nicht nur der „brave Mann denkt an sich selbst zuletzt", sondern auch die Brave Tochter. Was andere brauchen oder auch nur brauchen könnten, steht im Zentrum ihres Fühlens, Denkens und Handelns, und das umso mehr, je wichtiger eine Person für sie ist. Bisweilen treibt diese Ausrichtung auf andere seltsame Blüten. Dazu ein Beispiel aus unserem Ehealltag:

Vor Jahren schenkte mir eine Bekannte einmal eine Sammlung mit köstlichen Rezepten zur Verwertung von Quitten. Außer Quittenmarmelade, die schon vorher zu meinem Repertoire gehörte, machte ich ein paar Jahre lang Quitten in Rotwein und Quitten-Chutney, der mir besonders gut schmeckte. Mein Mann hingegen war von dem süß-sauren Chutney nicht begeistert; die Quitten in Rotwein fand er aber immer toll. Die Folge war, dass ich mit schöner Regel-

mäßigkeit Quitten in Rotwein und Quittenmarmelade machte, aber keinen Chutney mehr – mein Lieblingsrezept hatte ich schlichtweg vergessen…

Eine besondere Herausforderung für die Fürsorglichkeit Braver Töchter bilden Situationen und Zeiten, in denen ihre Lieben ihrer direkten Obhut entzogen sind:

Herr Q. muss beruflich immer wieder für ein paar Tage von Stuttgart nach München. Er ist mit dem Auto drei Stunden unterwegs. Seine Frau richtet ihm nicht nur eine Box mit Apfelstücken, sondern stellt auch liebevoll eine Art Studentenfutter zusammen und besorgt früh morgens natürlich noch zwei frische Brezeln, die sie dick mit Butter bestreicht. Außerdem kocht sie ihm eine Thermoskanne voll Kaffee und packt alles zusammen mit einer Flasche Sprudel und einer Packung Schoko-Crossies in einen Korb.

Frauen wie Frau Q. nehmen in Kauf, dass vielleicht die Hälfte der eingepackten Dinge wieder mit heim gebracht wird, etwa auch von einem Schulausflug. Für sie selbst fühlt es sich einfach besser an, wenn sie für alle Fälle vorgesorgt haben – man kann ja nie wissen, und schaden tut's ja nicht, und außerdem ist es ein Ausdruck dafür, wie wichtig ihnen ihre Familie ist. Übrigens richte ich selber meinem Mann „natürlich" auch reichlich Reiseproviant, wenn er eine Autofahrt von ein paar Stunden vor sich hat, auch wenn er meint, das sei nicht nötig, er sei ja nicht lange unterwegs…

„Wo kann ich helfen?" – immer aktiv für andere

Frauen, die andere Menschen immer im Blick haben, sind ständig beschäftigt. Langeweile ist für sie ein Fremdwort. Gelegenheiten, sich nützlich zu machen und zu helfen, sind zahlreich und vielfältig, und Brave Töchter haben den Blick dafür: „Es gibt viel zu tun – packen wir's an!" Ihr Engagement endet nicht an der eigenen Wohnungstüre – auch Verwandte, Bekannte, Nachbarn und Menschen in Not profitieren von ihrer Umsicht, Hilfsbereitschaft und Einsatzfreude, wie die folgenden Beispiele anschaulich zeigen:

Frau O., Mutter von vier Kindern, noch im Erziehungsurlaub, hat nachmittags oft noch Freunde und Freundinnen ihrer Sprösslinge im Haus. Deren Mütter sind ganz froh, dass sie ihre Kinder eine Weile los sind. Frau O. freut sich, dass sie die anderen, zum Teil berufstätigen Frauen entlasten kann. Auf den Gedanken, die Lasten etwas gleichmäßiger zu verteilen, kommt sie nicht, obwohl sie abends recht erschöpft ist.

Frau A., Altenpflegerin mit Familie, mit 50 % in einem Pflegeheim tätig, schaut seit einem Jahr mehrmals in der Woche noch privat bei einer allein stehenden alten Dame in der Nachbarschaft vorbei, die sich mit Händen und Füßen gegen eine Übersiedlung ins Altersheim wehrt, obwohl sie alleine nicht mehr zurecht kommt. Frau A. ist es manchmal schon etwas viel, aber „sie hat doch sonst niemand…"

Sicher fallen Ihnen selber auf Anhieb weitere Beispiele von Frauen ein, die immer mitbekommen, wenn es etwas zu tun gibt, und dann gleich zur Stelle sind. Die Arbeit von gemeinnützigen Organisationen und von Vereinen verschiedenster Art ist ohne Brave Töchter schwer vorstellbar – hier sind sie diejenigen, auf die zu 100 % Verlass ist und die in Notsituationen einspringen, wie Frau U. im folgenden Beispiel:

Frau U., verheiratet, Mutter von drei halbwüchsigen Kindern, arbeitet ehrenamtlich im Eine-Welt-Laden mit. Wenn jemand, der zum Verkauf eingeteilt ist, kurzfristig ausfällt, springt sie in aller Regel ein – Anruf genügt. Der Gedanke, dass der Laden sonst geschlossen bleiben müsste, geht ihr so gegen den Strich, dass sie es praktisch immer möglich macht zu kommen, auch wenn sie eigentlich etwas anderes vorhatte.

Brave Töchter bieten ihre Hilfe oft so überzeugend an, dass es schwer fällt, das Angebot abzulehnen. Sie helfen wirklich gerne, es ist ihnen ein inneres Bedürfnis, sich nützlich zu machen. Manchmal scheint es geradezu schwierig für sie, wenn die von ihnen angebotene Hilfe nicht in Anspruch genommen wird. Und besonders schlimm kann es für eine Brave Tochter sein, wenn nicht sie, sondern jemand anderes um Hilfe gebeten wird...

„Maria und Martha" – Brave Töchter im kirchlichen Umfeld

Brave Töchter gab es zu allen Zeiten. In der bekannten Geschichte von Maria und Martha, die bei Lukas im Neuen Testament steht, geht es darum, dass Jesus als Gast ins Haus der beiden Schwestern kommt. Während Maria sich zu seinen Füßen setzt, um ihm zuzuhören, sorgt Martha für sein leibliches Wohl, wie es sich ihrer Meinung nach für eine gute Gastgeberin gehört. Martha war, so sieht es aus, eine Brave Tochter.

In unseren Kirchengemeinden gibt es viele Marthas – in der Jugend-, Alten- und Frauenarbeit, im Besuchsdienst, in der Kinderkirche, als Helferinnen und Kuchenbäckerinnen bei Gemeindefesten oder im Kirchenchor, um nur die klassischen Betätigungsfelder zu nennen. Meist haben sie – so der Titel eines mir bekannten Gemeindebriefes – „Freude am Dienst" und fühlen sich auch „immer im Dienst". Ihr Einsatz geschieht aus christlicher Nächstenliebe und ist Ausdruck ihres christlichen Glaubens. Manchmal würden sie sich vielleicht etwas mehr Engagement auch bei anderen Gemeindemitgliedern wünschen, doch im Großen und Ganzen geht es ihnen gut mit den übernommenen Aufgaben.

Ihre Grundhaltung ist, unter Zurückstellung ihrer eigenen Bedürfnisse und Interessen für andere da zu sein. Nach ihrem Verständnis erfüllen sie damit das zentrale christliche Gebot, den Nächsten so wie sich selbst zu lieben. Es scheint sogar, dass sie dieses Gebot für sich noch etwas zuspitzen: „Liebe deinen Nächsten mehr als dich selbst!" Oder aber sie hören nur den ersten Teil: „Liebe deinen Nächsten!" Ich denke da beispielsweise an Frau G. und Frau W.:

Frau G., pensionierte Finanzbeamtin, wollte im lang ersehnten Ruhestand eigentlich viele längere Auslandsreisen machen. Es kam jedoch anders: Unversehens fand sie sich im Leitungsteam des kirchlichen Altentreffs wieder. Außerdem übernahm sie das Amt der Kirchenpflegerin, als der bisherige Kirchenpfleger plötzlich schwer erkrankte – mit Geldsachen kannte sie sich ja aus. Ihre Reisepläne legte sie für die nächsten Jahre weitgehend auf Eis.

Frau W., Mitte 40, hatte jahrelang ihre Mutter gepflegt. Nachdem diese gestorben war, entschloss sie sich zu einer Kur, die nach einigem Hin und Her auch bewilligt wurde. Aus der Kur kam sie mit dem festen Vorsatz zurück, jetzt endlich mal mehr nach sich selber zu schauen. Wie sie sagte, wollte sie sich sehr gerne bei der Frauenakademie einschreiben, was bisher aus Zeitgründen nie möglich war. Als ich sie ein paar Wochen später wieder traf, berichtete sie, die Frauenakademie habe sie doch wieder gestrichen. Der Pfarrer habe sie angesprochen, ob sie mit ihrer Erfahrung in der Pflege nicht beim Aufbau der geplanten Hospizgruppe mitwirken wolle, und das halte sie nun doch für so wichtig, dass die Frauenakademie warten müsse.

Mit dieser Auffassung, dass eigene Interessen und Bedürfnisse weniger wichtig sind als das, was andere brauchen, sind Brave Töchter in christlichen Gemeinden in guter Gesellschaft. Ihr Einsatz wird gewürdigt, und oft wird er sogar erwartet. Die Aufforderung zur Mitarbeit mit dem Hinweis auf private Interessen abzulehnen, ist schwierig. Sich selbst wichtig zu nehmen, das ist – darin sind sich die Engagierten einig – nicht Aufgabe von Christen und Christinnen. Und der Gedanke, sich selber genauso zu lieben wie andere, ist für sie ziemlich gewöhnungsbedürftig. Leichter ist es, nicht weiter darüber nachzudenken, sondern wie gewohnt einen Kuchen für den Gemeindenachmittag zu backen…

„Auf mich ist Verlass“ – Brave Töchter im Beruf

Brave Töchter finden sich besonders zahlreich in sozialen Berufen. Sie sind tätig als Krankenschwestern, Erzieherinnen, als Heilerziehungs- oder Altenpflegerinnen, als Sozialarbeiterinnen, Therapeutinnen oder Beraterinnen. Manche hätten auch gerne einen solchen Beruf, konnten aber aus irgendwelchen Gründen keine entsprechende Ausbildung machen; oder sie haben sich nach der Ausbildung oder einigen Jahren Berufstätigkeit bewusst für ein Leben als Hausfrau und Mutter entschieden, als sie das erste Kind erwarteten.

Für andere da zu sein, das ist im sozialen Bereich keine Zugabe zur eigentlichen Tätigkeit, sondern gehört dem Wesen nach dazu. Dass Brave Töchter eine Vorliebe für soziale Berufe haben, ist daher einleuchtend. Natürlich sind sie auch in anderen Berufsfeldern zu finden. Sie sind in einem Betrieb oder Team dann diejenigen, die die Kollegen und Kolleginnen in besonderer Weise im Blick haben und automatisch eigene Interessen zurückstellen, wie die Frauen in folgenden Beispielen:

Frau V., Reinigungsfachkraft in einem Altenheim, schiebt einen wachsenden Berg von Überstunden vor sich her, denn wenn eine Vertretung gebraucht wird, muss man sich nur an sie wenden. Sie kann einfach nicht Nein sagen.

Frau F., Teilzeit-Mitarbeiterin beim Ordnungsamt, sorgt zuverlässig für Kaffee und Tee, leert den Reißwolf, wenn er voll ist, und kümmert sich um die Zimmerpflanzen im Flur: „Irgendjemand muss das ja schließlich machen!“ Manchmal allerdings wäre es ihr schon recht, wenn nicht alles an ihr hängen bliebe – sie hat auch nicht weniger zu tun als ihre beiden Kolleginnen!

Frau Ä., Verkäuferin in einem Schuhgeschäft, bietet angesichts der vom Chef verfügten ganztägigen Öffnung des Geschäfts von sich aus an, ihre Arbeitszeit entsprechend anzupassen, obwohl ihr ihre geregelte Mittagspause bisher immer sehr wichtig war. Warum sie das tut, versteht sie eigentlich selber nicht so ganz. Sie vermutet, dass sie keinen Konflikt mit ihren Kolleginnen will.

Ihre Hilfsbereitschaft, Umsicht und Kollegialität sind für alle, die mit Braven Töchtern zusammenarbeiten, recht bequem. Manche fragen sich allerdings im Stillen, warum ihre Kollegin das wohl so macht – sie selbst wären nicht bereit dazu.

„Natürlich hab ich Zeit für dich" – die Brave Tochter als Freundin

Eine Brave Tochter zur Freundin zu haben, ist etwas sehr Schönes. Sie hat immer Zeit und ein offenes Ohr, nichts ist ihr zuviel, und im Falle eines Falles ist sie zuverlässig zur Stelle. Sie weiß oft Rat bei Problemen, macht gut durchdachte Lösungsvorschläge und packt tatkräftig mit an. Sie strahlt Stärke aus und scheint in aller Regel alleine klar zu kommen. Dass sie selbst einmal Hilfe brauchen könnte, ist fast nicht vorstellbar – nicht für andere, und für sie selbst meist auch nicht.

Frau J. sitzt Abende lang bei ihrer alten Schulfreundin, deren Mann vor sechs Monaten ausgezogen ist und die Scheidung eingereicht hat. Sie nimmt sich immer wieder vor, auch mal Nein zu sagen, wenn ihre Freundin anruft und fragt, ob sie kommen kann, vor allem, weil ihr eigener Mann zunehmend sauer auf ihre häufige Abwesenheit reagiert. Meist siegt jedoch wieder ihr „gutes Herz" – sie kann ihre Freundin in dieser Krise einfach nicht alleine lassen.

Frau St. wohnt mit ihrer Familie in einem Siedlungsgebiet, wo vor Jahren viele junge Familien etwa zur gleichen Zeit gebaut hatten. Freundschaften entstanden nicht nur zwischen den Kindern, sondern auch zwischen den Müttern. Bei Frau St. geht es oft zu wie in einem Taubenhaus – es vergeht kaum ein Morgen, an dem nicht diese oder jene Freundin „nur so" vorbeischaut und erzählt, wie schwierig der Jüngste gerade ist, dass sie ihren Mann kaum zu sehen bekommt, dass sie immer noch von Rückenschmerzen geplagt ist und dass die

Oma allmählich wirklich nicht mehr allein in ihrer Wohnung leben kann. Frau St. hört geduldig zu, muntert auf, tröstet und macht Vorschläge. Es bleibt zwar vieles liegen, was sie eigentlich hätte erledigen wollen und sollen, aber das muss eben warten, ein gutes Gespräch unter Freundinnen geht vor.

Kommen Ihnen solche Szenen bekannt vor? Ist Ihnen das Verhalten dieser Frauen vertraut? Es ist typisch für Brave Töchter, wie auch die folgenden Verhaltensweisen: Es gibt Tage, an denen eine Brave Tochter kaum vom Telefon wegkommt. Entweder greift sie selber mehrfach zum Hörer, weil sie weiß, die eine oder andere Freundin wartet auf ihren Anruf. Oder sie bekommt Anrufe von Freundinnen, die sie als verständnisvolle Zuhörerin und Beraterin brauchen. Diese fragen wohl schon, wie es ihr geht, aber es geschieht höchst selten, dass eine Brave Tochter dann ausführlich über sich selber spricht. Die jeweilige Gesprächspartnerin thematisiert meist sehr schnell ihre eigenen Probleme, und einer Braven Tochter ist das im Grunde auch recht.

Auch Brave Töchter fühlen sich natürlich nicht jeden Tag gleich fit und belastbar, doch geht es ihnen sofort viel besser, wenn sie von einer Freundin gebraucht werden. Bisweilen mobilisieren sie sogar ungeahnte Kräfte, etwa wenn sie trotz einer dicken Erkältung mit starken Kopfschmerzen ein Telefonat von einer Stunde Dauer führen und dann noch versprechen, am Nachmittag auf eine Tasse Kaffee vorbeizukommen, weil es der Freundin nach dem morgendlichen heftigen Ehekrach so schlecht geht. Ihr eigener Ehemann kann sich nur wundern, was seine Frau alles bewältigt, obwohl sie sich morgens richtig krank fühlte und eigentlich im Bett bleiben wollte.

Gelegentlich gibt es auch bei der tüchtigsten Frau Situationen, in denen sie sich allein, ratlos oder überfordert fühlt und Unterstützung brauchen könnte. Sie hat dann vielleicht den Impuls, eine Freundin anzurufen, um sich auszusprechen oder sie um einen Gefallen zu bitten, doch sie tut es letztlich doch nicht – wahrscheinlich ist die Freundin sowieso nicht daheim oder hat keine Zeit, und irgendwie wird sie es schon alleine schaffen.

Eine Brave Tochter ist in einer Freundschaft in der Regel die Starke, die gibt. Für viele Frauen ist es, wie eingangs schon gesagt, ein Segen, eine Brave Tochter zur Freundin zu haben. Sie brauchen einfach Unterstützung, weil sie selber nicht so stark sind oder nicht gelernt haben, Probleme alleine zu lösen. Oft hilft ihnen schon das Gespräch mit einer zugewandten, hilfsbereiten Freundin ein Stück weiter, jedenfalls bis zum nächsten Mal. Doch das reicht ja völlig aus – im Fall eines Falles steht die Brave Tochter als Freundin ja wieder zuverlässig zur Verfügung.

„Wenn ich dich nicht hätte" – eine Würdigung

Keine Frage: Ohne Brave Töchter wäre unsere Welt kälter. Viel ehrenamtliches Engagement fiele weg, Bitten um Mithilfe und Unterstützung blieben oft ungehört, zahlreiche ungeliebte Aufgaben blieben unerledigt. Weniger Ehemännern würde der Rücken frei gehalten, weniger Kinder – auch erwachsene Kinder – könnten sich in der „Pension Mama" bedienen und umsorgen lassen. Die so genannten „helfenden Berufe" hätten größere Probleme, engagierten Nachwuchs zu finden.

Der Einsatz Braver Töchter in Familie, Freizeit und Beruf verdient uneingeschränkt Dank und Anerkennung. Vieles von dem, was sie tun, erscheint ihnen selber und auch ihrer Umwelt so selbstverständlich, dass ihr Engagement im Alltag leider viel zu selten ausdrücklich gewürdigt wird. Aber zum Glück gibt es ja im Bereich von Beruf und Ehrenamt die besonderen Anlässe wie Jubiläen und Verabschiedungen, und privat, in Familie und Freundeskreis, sind Geburtstage, der Hochzeitstag und der Muttertag gute Gelegenheiten, mit Blumen, Karten und Geschenken danke zu sagen. Den so Geehrten ist es, wie Sie vermutlich bestätigen können, einerseits unangenehm, wenn so viel Aufhebens um ihre Person gemacht wird. Andererseits freuen sie sich doch sehr über Anerkennung – insgeheim warten sie oft auf ein kleines Dankeschön und sind enttäuscht, wenn es ausbleibt.

So hat es mir auch sehr gut getan, als mein Mann mir zum Hochzeitstag einen Brief schrieb, in dem ich mich als Brave Tochter sehr gut verstanden gefühlt habe. Er illustriert sehr schön, wie wohltuend die Stärken einer Braven Tochter erlebt werden können. Mein Mann schreibt unter anderem:

Liebe Frau
... Es gibt sehr viel, was ich an Dir schätze. Es ist schön, dass Du mich immer im Blick hast. Ich bin Dir wichtig, und das fühlt sich gut an für mich. Was Du ganz praktisch für mich tust, das ist sehr viel, und es ist für mich nicht selbstverständlich. Durch Deine Verlässlichkeit wird unser Zusammenleben leicht. Manchmal darf ich Dich in Deinem Engagement, das Dir ja auch Druck machen kann, bremsen. Manchmal wäre nach meinem Empfinden weniger mehr... Es ist schön, Dich zur Frau zu haben. Deine Geradlinigkeit, Deine Fürsorglichkeit, Deine Einfühlsamkeit, all diese Gaben schätze ich sehr. Danke für alles,
Dein Mann

Wohl jede Ehefrau würde sich über eine solche Würdigung freuen, doch für Brave Töchter haben anerkennende Worte wie diese, nicht nur vom Partner, sondern auch seitens anderer Menschen, die ihnen wichtig sind, noch ein ganz besonderes Gewicht: Sie brauchen sie als Rückversicherung, dass sie in Ordnung sind und geliebt werden. Denn nicht immer fühlen sie sich gut mit sich selbst, und nicht immer sind andere rundum zufrieden mit ihnen.

In solchen Situationen neigen viele Brave Töchter dazu, schnell an sich selbst zu zweifeln. Denn so stark, wie sie wirken, sind sie oft nicht. Sie haben auch ganz andere Seiten – das nun dazu folgende Kapitel ist sogar ziemlich umfangreich geworden.

Teil 2: Die Kehrseite

„Wo viel Licht ist, da ist auch viel Schatten" – dieser Satz kommt mir immer wieder in den Sinn, wenn ich privat oder beruflich mit Braven Töchtern zu tun habe. Dieser Schatten hat viele verschiedene Nuancen und ist unterschiedlich stark ausgeprägt. Er wird nicht nur von anderen wahrgenommen, sondern die Brave Tochter selbst spürt ihn ebenfalls – an Leib und Seele, mehr oder weniger deutlich, seltener oder häufiger, als leichte Irritation oder als zunehmenden Leidensdruck. Um diese Schattenseiten in ihren vielfältigen Formen geht es im Folgenden.

„Eigentlich habe ich ja keine Zeit" – immer in Aktion

Die Tage sind meist zu kurz – darin sind sich Brave Töchter einig. Eigentlich sind sie nie fertig, es gibt immer noch etwas zu erledigen. Zur Veranschaulichung möchte ich Ihnen zunächst den Tagesablauf von Frau P. schildern.

Frau P. ist Mitte 30, verheiratet, und hat eine dreijährige Tochter. Sie arbeitet vormittags als Sekretärin. Um 6 Uhr steht sie zusammen mit ihrem Mann auf, holt die Zeitung aus dem Briefkasten und richtet ihm sein Frühstück und sein Vesper, während er sich im Bad fertig macht. Sie selbst trinkt nur eine Tasse Kaffee und frühstückt später zusammen mit ihrer kleinen Tochter, damit diese überhaupt etwas isst. Am Frühstückstisch bleibt sie nicht lange sitzen, weil ihr Mann sowieso morgens seine Ruhe will und beim Frühstück Zeitung liest. Sie geht derweil ins Bad, setzt noch eben eine Wäsche an und kontrolliert, ob alle Schuhe in Ordnung sind, bevor sie sich dann selber duscht und anzieht. Wenn ihr Mann aus dem Haus ist, macht sie noch ein paar Handgriffe, damit sie mittags das Essen möglichst schnell auf dem Tisch hat. Es gibt meist nur eine Kleinigkeit, die Hauptmahlzeit ist abends, wenn ihr Mann heim kommt.

Gegen 8 Uhr bringt Frau P. ihre Tochter in den Kindergarten, und auf dem Weg ins Geschäft oder nach ihrem Dienstschluss um 12 Uhr gibt es regelmäßig noch irgendetwas zu erledigen – ein paar Dinge einkaufen, Post einwerfen, Schuhe zum Schuster bringen, Mantel aus der Reinigung holen und ähnliche „Aktionen". Spätestens um 12.30 Uhr muss sie am Kindergarten sein, ihre Tochter wartet dann meist schon müde und quengelig als eines der Kinder, die zuletzt abgeholt werden. Frau P. fragt sich bisweilen, ob es richtig war, sie schon mit drei in den Kindergarten gegeben zu haben und selbst wieder halbtags zu arbeiten. Doch sie liebte ihren Beruf und wusste außerdem, wie dringend ihr Chef auf das Ende ihres Erziehungsurlaubs wartete, weil es mit ihrer Vertretung einfach nicht so gut lief. Da lag es nahe, dass sie so bald wie möglich wieder arbeiten gehen würde. Und, als sie nur zu Hause war, so sagt sie, hatte sie eigentlich auch nicht mehr Zeit als jetzt; sie hatte immer etwas zu tun und war abends ebenfalls ziemlich erledigt.

Nach dem Essen verbannt sie mit etwas schlechtem Gewissen ihre Tochter für eine halbe Stunde mit einer Kassette ins Kinderzimmer, weil sie selbst dringend eine Pause braucht. Die hat sie sich jetzt „wirklich verdient", schließlich ist sie seit 6 Uhr auf, und im Geschäft ist es meist auch stressig. Und nach der kurzen Mittagspause geht's dann ja auch meist wieder „rund": Ihre Tochter besucht nachmittags noch nicht den Kindergarten und will beschäftigt sein; außerdem wartet der große Garten, Fenster sind auch mal wieder zu putzen, der Berg Bügelwäsche wird auch nicht von selber kleiner; und eigentlich hatte sie ihrer Freundin versprochen, ihr in dieser Woche für ein paar Stunden ihren Jüngsten abzunehmen, weil sie mal etwas mit ihrer Großen alleine unternehmen wollte.

Es ist Frau P. schon von vornherein klar, dass sie wieder Abstriche an ihrem Programm machen muss, zumal ja schon um 18 Uhr das

Essen auf dem Tisch stehen sollte. Aber am Abend hat sie ja auch noch ein paar Stunden. Bügeln ist sowieso einfacher, wenn ihre Kleine im Bett ist. Es wird schon nicht noch ein langer Anruf dazwischen kommen. Vielleicht kann sie neben dem Bügeln den Krimi ansehen, aber wahrscheinlich will ihr Mann Fußball gucken – na ja, soll ihr auch recht sein, so wichtig ist der Krimi schließlich nicht. Den Brief zum Geburtstag von Tante Helga wird sie dann doch nicht schreiben, sondern übermorgen kurz anrufen. Eigentlich sollte sie heute auch mal wieder früher ins Bett…

Frau P. ist eine klassische Brave Tochter. Sie möchte für alle da sein und versucht, es allen recht zu machen – ihrem Mann, ihrer Tochter, ihrem Chef und ihrer Freundin. Im Hintergrund gibt es auch noch alte Eltern, die ihr auf der Seele liegen, und einen psychisch kranken Bruder, um den sie sich ihrer Meinung nach zu selten kümmert.

So wie Frau P. über ihren Alltag spricht, spüre ich sofort, unter welch enormem Druck sie tagtäglich steht. Nicht dass sie sich beklagen würde – sie liebt ihren Mann, freut sich an ihrer kleinen Tochter, ist zufrieden mit ihrer Wohnsituation und ihrem Bekanntenkreis, und im Grunde möchte sie auch nicht den ganzen Tag zu Hause hocken; insofern geht das mit der Halbtagsstelle für sie schon in Ordnung. Es ist aber einfach alles zusammen ungeheuer viel, das sieht sie selber. Sie ist für jeden Tag dankbar, an dem alles „normal" läuft.

Mit Schrecken denkt Frau P. noch an die Monate zurück, in denen sie dreimal in der Woche Krankengymnastik und Massagen unterbringen musste und wegen starker Schmerzen in der rechten Schulter weitgehend „außer Gefecht gesetzt" war – die zunehmende Unordnung und den absinkenden Sauberkeitspegel in ihrem Haus konnte sie kaum aushalten, und dass sie sich beim Bügeln auf das Allernötigste beschränken musste, war ihr ganz arg – T-Shirts gehören einfach gebügelt, auch wenn sie im Winter meist unter dem Sweatshirt getragen werden. Auf Anraten ihres Arztes „gönnte" sie sich zwar noch ein paar Massagen und nahm sich auch vor, regelmäßig einmal in der Woche mit einer Freundin abends schwimmen zu ge-

hen, doch soviel Zeit für sich selber konnte sie dann doch auf Dauer nicht locker machen. Sie war froh, als alles wieder normal lief.

Normal, das heißt für Frau P. vor allem, dass nichts Unvorhergesehenes passiert, wodurch ihr ausgeklügelter Zeitplan durcheinander käme. Ihre Terminplanung ist sehr eng; sie versucht, möglichst jede Minute aktiv zu nutzen und Leerlauf zu vermeiden. Einfach mal so da zu sitzen und sich zu entspannen, sich Zeit zu nehmen nur für sich selbst, dazu kommt sie in der Regel nicht, und es ist ihr auch nicht so wichtig.

In unverhofften kleinen Pausen erledigt Frau P. noch eben etwas, was sie sowieso irgendwann mal machen wollte oder müsste – ein Schrankfach ausmisten und aufräumen, ein paar Knöpfe annähen, telefonisch kurz einen Vorsorgetermin beim Frauenarzt ausmachen, die alte Grünlilie entsorgen und schon mal den Geburtstagsgruß schreiben, der erst in einer Woche in den Briefkasten muss. Was erledigt ist, ist erledigt, und von nichts kommt nichts...

Es ist ein ziemlich hochtouriges Leben, das Brave Töchter Tag für Tag bewältigen. Meist läuft der Motor ohne Probleme, doch gelegentlich gerät er ins Stottern. In solchen Situationen oder Phasen spürt eine Brave Tochter die anstrengende Seite ihrer Art zu leben. Doch da ihr Blick ja auf andere gerichtet ist und sie sich selbst nicht wichtig nimmt, kann ein zeitweiliges leichtes oder auch heftiges Stottern des Motors sie nicht wirklich beeindrucken – ein kurzzeitiges Zurückschalten, dann wieder Gas geben, und weiter geht es im gewohnt hohen Tempo.

Außenstehenden wird manchmal fast schwindelig, wenn sie Frauen wie Frau P. in Aktion sehen. Ihnen ist sofort klar, dass diese Art der Lebensgestaltung Stress bedeutet. Schon allein die Menge und Vielfalt der Aufgaben, die bewältigt und unter einen Hut gebracht werden müssen; die enge Zeitplanung fast ohne Leerlauf und nur mit den allernötigsten Pausen; das zügige Arbeitstempo; das hohe Anspruchsniveau – all das kostet Kraft. Hinzu kommt ein weiterer Faktor, der das Leben Braver Töchter anstrengend macht: Ihre Tage sind nicht nur äußerlich, sondern auch „innerlich“ bis zum Rand gefüllt, wie ich Ihnen im nächsten Kapitel erläutern werde.

„Alles im Blick“ – das innere Parallelprogramm

Frau P. ist ein anschauliches Beispiel dafür, dass Brave Töchter voller Energie an Aufgaben herangehen, sich wenig Pausen gönnen und zügig erledigen, was zu tun ist. Auf diese Weise schaffen sie ein ungeheuer großes Tagespensum. Dieser Eindruck anderer stimmt mit dem überein, was eine Brave Tochter selbst empfindet: Wenn sie ihren Tagesablauf Revue passieren lässt, kann sie nicht umhin festzustellen, dass sie einiges „auf die Reihe gebracht“ hat – zwar nicht so viel, wie sie eigentlich wollte, aber mehr war halt nicht möglich.

Einer weiteren Beobachtung wird eine Brave Tochter vermutlich ebenfalls zustimmen: Parallel zu dem, was sie gerade tut, hat sie auch immer noch anderes im Blick. Zusätzlich zu ihrer jeweiligen Tätigkeit läuft noch viel Gedankliches im Hintergrund. Wenn Frau P. ihre Tochter in den Kindergarten bringt, ist sie mit ihren Gedanken oft schon bei dem, was sie im Büro erwartet, und wenn sie sich nach dem Essen eine kleine Pause gönnt, plant sie den weiteren Verlauf des Nachmittags vor oder überlegt, was sie am nächsten Tag einkaufen muss. Ich nenne diesen Vorgang das „innere Parallelprogramm“.

Erwiesenermaßen sind Frauen ganz allgemein umsichtiger als Männer, und sie tun sich leichter, verschiedene Aufgaben parallel zu erledigen. Doch diese speziell weibliche Begabung hat bei Braven Töchtern noch eine ganz besondere Ausprägung:

Frau P. kommt es bisweilen so vor, wie wenn morgens ein innerer Schalter umgelegt wird; dann beginnt ein Programm zu laufen und wird abgespult, ohne dass sie darauf viel Einfluss nehmen könnte. Es denkt in ihr, sie kann kaum abschalten. Manchmal erlebt sie sich wie fremd gesteuert. Sie muss an vieles denken und vieles tun, ohne dies wirklich zu wollen. Ihr gehen immer wieder Dinge im Kopf herum, die jetzt noch gar nicht „dran" sind, und auch solche, die sie eigentlich gar nicht direkt betreffen. Oft fühlt sie sich ganz erschöpft vom vielen Denken.

Im Zusammenhang mit höchsten Leistungsanforderungen im Arbeitsleben ist Dauerstress eine allgemein bekannte Erscheinung. In unserer Gesellschaft hat sich das Lebenstempo generell erhöht, und wer im Berufsleben mithalten will – Frauen wie Männer –, kann sich diesem Tempo nicht entziehen. Alle müssen bereit sein, gleichzeitig verschiedenen Anforderungen gerecht zu werden, etwa während sie am Computer arbeiten, noch ein Telefonat zu führen, oder im Zug auf der Fahrt ins Geschäft ein paar Akten durchzuschauen, um die Sitzung am Nachmittag genauer vorzubereiten. Gleichzeitig verschiedene Aufgaben zu erledigen und nebenher noch anderes im Kopf zu haben, das ist heutzutage selbstverständlicher Bestandteil eines qualifizierten und erfolgsorientierten Berufslebens.

Für Brave Töchter ist ein derart Kräfte zehrendes Programm mit vielen ineinander greifenden oder nebeneinander her laufenden Aufgaben und gedanklicher Beanspruchung auch ohne die Anforderungen und Zwänge moderner Berufstätigkeit normal. Eine hohe Leistungsbereitschaft sowie Umsicht, Planung, Mitdenken, all das ist für sie selbstverständlich in jedem Lebensbereich. Es fällt auf, in welchem Umfang Brave Töchter freiwillig Aufgaben übernehmen, die auch andere erfüllen könnten und die ihnen vielfach noch nicht einmal Spaß machen. Sie lassen sich in die Pflicht nehmen, wo andere ein deutliches Nein sagen würden, weil es ihnen zuviel ist, weil ihnen die Aufgabe nicht liegt oder weil sie der Meinung sind, dass andere das ebenso gut machen können.

Einen weiteren für Brave Töchter charakteristischen Aspekt dieses inneren Parallelprogramms möchte ich verdeutlichen, indem ich nochmals auf einige schon beschriebene Szenen zurückkomme.

Frau H. rechnet im Grunde schon damit, dass ihr Mann abends ohne den Sprudel heimkommt, es wäre nicht das erste Mal, dass er etwas zu erledigen vergisst. Sie überlegt während des Tages nebenher im-

mer mal wieder, was sie im Falle des Falles macht – selber noch losfahren? Ihn nochmals losschicken, schließlich hatte er es ja versprochen? Soll sie überhaupt etwas sagen, wenn er ohne Sprudel kommt? Ihr Mann ist ja meist nach der Arbeit ziemlich fertig…

Frau O. ist besonders an Regentagen schon morgens bei ihrer Hausarbeit innerlich damit beschäftigt, die Nachmittage mit den vielen Kindern ein wenig vorzuplanen, damit auch alles glatt läuft und alle zufrieden sind.

Nach den abendlichen Gesprächen mit ihrer Freundin, die von ihrem Mann verlassen wurde, kann Frau J. oft lange nicht einschlafen. Ihre Freundin tut ihr Leid. Deren Situation beschäftigt sie immer wieder, was könnte ihr wirklich weiterhelfen? Manchmal träumt sie sogar von ihrer Freundin.

Brave Töchter sind also nicht nur dann mit anderen Menschen beschäftigt, wenn sie tatsächlich im Einsatz für sie sind, sondern oft schon lange vor der eigentlichen Aktion und noch lange danach. Sie sorgen sich, ob alles so klappen wird wie geplant; sie überlegen, wie sie am besten helfen können; sie zerbrechen sich den Kopf, wie sie drohende Konflikte vermeiden können; sie leiden mit, wenn jemand ein Problem hat, und suchen Lösungen. In den Augen ihrer Mitmenschen übertreiben sie es bisweilen mit ihrem ständigen Nachdenken und Mitdenken und machen sich dadurch ihr Leben unnötig stressig.

„Ich will es nun mal perfekt machen" – Pannen und andere Katastrophen

Fragt man Brave Töchter nach möglichen Hintergründen für ihr Verhalten, kommen meist Antworten wie: „Ich will es halt allen recht machen"; „ich fühle mich nun mal für alles verantwortlich"; „ich bin schon irgendwie Perfektionistin"; „ich fühle mich einfach besser, wenn ich mein Möglichstes getan habe"; „ich kann da nicht einfach zusehen"; „ich kann nun mal schlecht nein sagen, wenn ich gefragt werde“. Ihr Verhalten ist also durch hohe Erwartungen an sich selbst und ein ausgeprägtes und umfassendes Verantwortungsgefühl bestimmt. Nicht äußere Erfordernisse, sondern vor allem das eigene Anspruchsniveau und das eigene Wertesystem bestimmen ihr Handeln, Denken und Fühlen.

Versehen, Fehler, Pannen, Missverständnisse sollten einer Braven Tochter nach den Maßstäben dieses Wertesystems eigentlich nicht passieren. Optimale Planung und Durchführung sind ihr Ziel. Wenn sie alles „im Griff“ hat, fühlt sie sich am besten. Zur Veranschaulichung dieses Aspekts noch eine Szene, die mir eine Kollegin von einer anderen Beratungsstelle berichtete:

Eine ehrenamtliche Mitarbeiterin der Altenarbeit hatte in ihrer Mittagspause vor, im Sekretariat etwas zu erledigen, da man ihr am Telefon gesagt hatte, sie könne „jederzeit“ kommen. Nun hatte sie extra einen Fußweg von zehn Minuten auf sich genommen und stand vor verschlossener Tür – „jederzeit“ schloss nach ihrem Verständnis die Mittagspause mit ein, nicht aber im Sprachgebrauch der Sekretärin. Die Dame verstand die Welt nicht mehr: Sie hatte extra vorher angerufen, es ging um ehrenamtliches Engagement, sie hatte alles exakt geplant, und nun passierte ihr das! Nach Aussage meiner Kollegin war sie fassungslos.

Solche Erfahrungen sind für Brave Töchter meist eine Lehre: Sie ziehen den Schluss daraus, bei ähnlichen Anlässen noch sorgfältiger zu planen und alle Schritte noch stärker abzusichern, mit der Konsequenz, dass der Stressfaktor in ihrem Leben weiter steigt. Die Alternative, gelassener mit Pannen umzugehen, sie einfach abzuhaken, ohne sich aufzuregen, oder sogar von vornherein damit zur rechnen, dass trotz sorgfältiger Planung und Absprache auch mal etwas schief gehen kann, diese Alternative steht Braven Töchtern oft nicht zur Verfügung.

In einer solchen Situation steigen nach dem ersten ratlosen Kopfschütteln dann häufig heftige Emotionen hoch. Aus einem kleinen Versehen entsteht bisweilen ein Drama, zumindest innerlich – sie war wieder einmal nicht perfekt. Es kann passieren, dass sie deshalb fast an sich selbst verzweifelt, sogar bei eher banalen Vorfällen: „Es ist meine Schuld, hätte ich doch nur…“. Schuld an etwas zu sein, das ist für sie eine schwer erträgliche Vorstellung. Eine gewisse Erleichterung schafft dann bisweilen, Ärger und Vorwürfe gegenüber den anderen an der Panne beteiligten Personen zu äußern. Ideal ist dieser Lösungsversuch aber auch nicht, denn aggressiv zu sein ist in ihrem Wertesystem eigentlich verboten. Neue Schuldgefühle sind die Folge.

Wenn etwas schief gegangen ist, ist es einer Braven Tochter deshalb meist wichtig, im Gespräch herauszufinden, wer welche Anteile hat – dann ist sie nicht mehr alleine schuld; dann muss sie sich nicht mehr ganz so schlecht und unzureichend fühlen, und dann hat sie auch eine gewisse Berechtigung für ihre ausgesprochenen oder unausgesprochenen Vorwürfe. Ist eine solche Klärung nicht möglich, kann ein kleines Missverständnis bei ihr noch lange Stress verursachen. Und selbst wenn die Schuld „verteilt“ ist, ist für sie die Sache damit noch nicht erledigt – der Ärger über sich selber und die anderen Beteiligten begleitet sie meist noch eine ganze Weile und trägt zu dem sowieso schon hohen Niveau der inneren Spannung bei.

„Ich weiß, was für euch gut ist“ – Konflikte im Alltag

Vielen Leserinnen und Lesern ist sicher die herrliche Loriot-Szene „Feierabend“ bekannt: Die Ehefrau ist in der Küche emsig bei der Arbeit, ihr Mann sitzt im Wohnzimmer entspannt im Sessel. Sie fragt durch die offene Tür, was er da mache, und schon seine Antwort „Nichts!“ ist für sie nicht zu fassen – man kann doch nicht einfach „Nichts“ tun…

Die beteiligte Ehefrau ist eindeutig eine Brave Tochter – sie hat ihren Mann im Blick und macht ihm Vorschläge, was er tun könnte, bietet ihm auch ihre Hilfe bei der Umsetzung an, aber alles prallt an ihm ab.

Er möchte einfach nur da sitzen – das kann sie kaum aushalten. Sie wird unterschwellig immer aggressiver, weil er keinen ihrer Vorschläge aufnimmt; und er brüllt sie schließlich an, weil sie keine Ruhe gibt, trotz seiner klaren Antworten – der Ehekrach ist perfekt.

Ähnliche Szenen spielen sich in den Familien Braver Töchter immer wieder ab, zum Glück verlaufen sie nicht in jedem Fall so heftig. Es gibt die üblichen Konflikte mit den Kindern: Sie sollen sich wärmer anziehen, weil sie sich sonst erkälten; sie sollen früher ins Bett gehen, weil sie sonst in der Schule vor lauter Müdigkeit nichts mitbekommen; der Schreibtisch gehört unbedingt aufgeräumt, weil sie dann viel konzentrierter arbeiten können.

Auch mit ihrem Mann hat eine Brave Tochter oft ihre liebe Not: Er sollte sich mehr bewegen und weniger fernsehen; sich gegen den Chef mehr durchsetzen und sich von den Kollegen nicht so ausnutzen lassen; sich mal wieder mit seinen Schulfreunden treffen, Gespräche unter Männern sind so wichtig; nicht soviel Kaffee trinken und weniger rauchen. Ihr Mann hört sich ihre Vorschläge an, brummt vielleicht etwas wie Zustimmung, aber ändern wird er vermutlich nichts.

Brave Töchter sorgen sich viel um Menschen, die ihnen wichtig sind. Dazu gehören außer Mann und Kindern etwa auch Eltern und Schwiegereltern, sonstige Angehörige, Freunde und Freundinnen. Überhaupt machen sie sich viele Gedanken, auch über alltägliche Dinge, und zwar in einem Ausmaß und in einer Intensität, die ihren Mitmenschen übertrieben erscheint. Sie sind innerlich meist auf dem Sprung. Ihr weiter Blick lässt sie Gefahren und mögliche Schwierigkeiten zu einem Zeitpunkt erkennen, an dem andere sich überhaupt noch keine Gedanken machen. Kleine Ursachen können große Wirkungen haben – man weiß nie, wie sich etwas entwickelt. Besser zu viel als zu wenig sagen, und lieber zu früh als zu spät eingreifen, auch wenn es um Kleinigkeiten geht...

Frühere ähnliche Situationen, in denen etwas schief gegangen ist, sind Braven Töchtern natürlich in bleibender Erinnerung.

Nachdem der Sturm bei Familie H. einmal ein offenes Fenster mit einer solchen Wucht zugeschlagen hat, dass die Scheibe heraussprang, besteht Frau H. darauf, alle offenen Fenster beim kleinsten Windzug zu sichern. Ihre Familie reagiert genervt.

Bei Herrn Q. steht Anfang Dezember eine längere Dienstreise an. Seine Frau erinnert ihn täglich daran, mit der Werkstatt einen Termin für den Reifenwechsel auszumachen. Als dann Ende November der erste Schnee fällt, sieht auch Herr K. die Notwendigkeit ein. Frau Q. befürchtet, dass er jetzt, wo alle Winterreifen brauchen, keinen Termin mehr bekommt – Herr Q. findet ihre ständige Besorgnis ziemlich übertrieben.

Bei einer Braven Tochter kommt noch ein weiterer Stressfaktor hinzu: Wenn sie mit ihren wohl durchdachten und gut gemeinten Vorschlägen nicht gleich auf Gegenliebe stößt, erlebt sie das meist als Ablehnung ihrer Person, auch wenn es um Kleinigkeiten geht. Sie kennen vermutlich solche Situationen, in denen von einer Sekunde auf die andere „aus heiterem Himmel" die Stimmung kippt, nur weil ein gut gemeinter Hinweis zurückgewiesen wurde. Oft gelingt es Braven Töchtern zwar, ihren Mund zu halten und einen offenen Konflikt zu vermeiden – dieser würde nämlich auch wieder Stress bedeuten; doch äußerlich ruhig zu bleiben, weil ihnen Harmonie sehr wichtig ist, kostet sie viel Kraft und erhöht die innere Anspannung.

Stress erlebt manche Brave Tochter auch, wenn sie feststellen muss, dass sie wieder einmal Recht gehabt hat: Der Sohn kommt mit einer dicken Erkältung aus der Schule, kein Wunder bei der leichten Kleidung; die Tochter hat die letzte Mathe-Arbeit in den Sand gesetzt, aber sie musste ja unbedingt am Abend davor noch bis gegen Mitternacht mit ihrer Freundin telefonieren; und ihr Mann musste bei Temperaturen unter Null seine Winterreifen selber montieren, weil er vor der Dienstreise keinen Termin mehr in der Werkstatt bekommen hat.

Und wie soll sie jetzt damit umgehen, dass sie Recht gehabt hat? Der andere fühlt sich jetzt ja sicher nicht so toll. Darf sie da ihrem Ärger

Luft machen, dass nie jemand auf sie hört? Zudem würde sie sich wünschen, dass in so einem Fall zugegeben wird, dass sie – wieder einmal – richtig lag mit ihrer Voraussicht und ihren Bedenken. Und sie fragt sich, ob ihre Lieben endlich mal aus Schaden klug werden, wenn schon alle Hinweise und Ermahnungen nichts fruchten. Warum nur werden ihre sinnvollen Vorschläge so oft nicht aufgegriffen?

„Ich will's doch recht machen" – bei Kritik wird's kritisch

Es ist klar, auf Kritik reagieren die wenigsten Menschen auf Anhieb begeistert, doch für viele gehört Kritik einfach zum Leben dazu. Es ist normal für sie, dass sie selber und auch andere nicht immer alles richtig machen. Und sie sehen auch die positive Seite von Kritik – es lässt sich viel daraus lernen.

Dieser Auffassung wird auch eine Brave Tochter zustimmen, und doch ist für sie Kritik ein ganz besonderer Stressfaktor, auf den sie gut und gerne verzichten könnte. Wenn sie für andere Menschen da sein möchte, und zwar in einer guten Weise, dann bedeutet Kritik für sie, dass ihr dies nicht optimal gelungen ist. Trotz all ihrer Bemühungen war sie nicht so hilfreich, wie sie sein wollte; sie hat es nicht „recht" gemacht. Das ist für sie sehr schwer auszuhalten, sie ist schnell im Kern getroffen. Kritik an einzelnen ihrer Verhaltensweisen ist für sie gleich Kritik an ihrer Person als ganzer – so wie sie ist, ist sie nicht richtig, wird nicht akzeptiert, wird letztlich nicht geliebt.

Innerlich laufen bei einer Braven Tochter, wenn sie kritisiert wird, ganz ähnliche Prozesse ab wie in Fällen, in denen etwas schief gegangen ist, wie etwa im geschilderten Fall der ehrenamtlichen Mitarbeiterin vor der verschlossenen Haustüre. Nebeneinander existieren gegensätzliche Gedanken und Gefühle, die einander genau genommen ausschließen: „Ich mache doch alles richtig – immer mache ich alles falsch – aber es war doch richtig, wie ich's gemacht habe – was bildest du dir eigentlich ein!" Oder: „Ich bin einfach unmöglich, ich schaffe das nie – so schlecht war das doch nicht – ich bin einfach unfähig – du hast ganz recht, wenn du so sauer bist."

Diese widersprüchlichen Gefühle können auch schon bei kleinen Anlässen hervorgerufen werden. Es muss nicht einmal eine ausdrückliche Kritik sein, oft genügt schon ein Hinweis auf etwas, das nicht optimal gelaufen ist. Eine Bekannte erzählte mir eine eigene Erfahrung:

In Abwesenheit eines Kollegen hatte sie am späten Nachmittag den Anruf eines seiner Klienten entgegen genommen und mit ihm einiges besprochen. Als sie ihrem Kollegen das am folgenden Tag mitteilte, nahm er es zur Kenntnis und bemerkte beiläufig, es wäre besser gewesen, wenn er persönlich mit dem Mann hätte reden können. Meine Bekannte fühlte sich gleich angegriffen und schuldig, obwohl ihr Kollege, wie sich dann herausstellte, keinerlei Vorwurf an sie hatte.

Auch Fragen werden bisweilen schon als Kritik empfunden:

Herr Sch. will wissen: „Hast du eigentlich Tante Anna zum Geburtstag geschrieben?" Seine Frau hat sofort ein schlechtes Gewissen, weil sie den Geburtstag vergessen hat, und geht zum Gegenangriff über: „Nein, aber schließlich ist das deine Tante, wieso ich? Du hättest ja auch ausnahmsweise mal selber an ihren Geburtstag denken können!" Dann erklärt sie ihrem Mann lang und breit, was in den letzten Tagen alles los war, und... und... und... Ihr Mann versteht nicht, dass seine schlichte Frage diese heftige Reaktion bei seiner Frau ausgelöst hat; ihn hat einfach nur interessiert, ob die Sache erledigt ist oder ob er vielleicht noch einen Anruf tätigen muss. Ihm das zu glauben, fällt ihr als Braver Tochter allerdings nicht leicht.

Selbst Komplimente können bei einer Braven Tochter manchmal als Kritik ankommen. Vielleicht kennen Sie solche Situationen aus eigener Erfahrung:

Ein Mann stellt beim sonntäglichen Mittagessen fest, der Braten sei heute aber gut. Seine Frau ist irritiert und denkt sofort: „Wieso sagt er das? War der Braten etwa sonst nicht gut? Wieso erwähnt er das nicht? Hat er etwa vergessen, wie ihm das Essen am letzten Sonntag geschmeckt hat? Ich mache doch immer einen guten Braten!" Dass ihr Mann wirklich gerade nur diesen Augenblick gemeint hat, kann sie sich einfach nicht vorstellen; sie hält das für eine Ausrede und ist verstimmt. Für sie ist es einfach logisch, die Kehrseite einer Bemerkung mitzudenken.

Ein Kollege einer Braven Tochter äußert bewundernd, wie toll sie heute aussehe. Zu seinem Erstaunen scheint er mit seinem Kompliment ins Fettnäpfchen getreten zu sein. Sie schaut ihn fast erschrocken an: Wie er das denn meine? Ob er damit sagen wolle, sie sehe sonst nicht gut aus? Als dann kurz darauf ihr Chef sie dafür lobt, wie zügig sie seine Anfrage erledigt habe, kann sie gerade noch die Rückfrage vermeiden: „Wieso, arbeite ich sonst nicht so schnell und zuverlässig?" Aber auch wenn sie nichts sagt – die Frage, wie er das gemeint haben könnte, beschäftigt sie schon…

Manchmal erleben Brave Töchter ihren Alltag wie ein Minenfeld, und sie sind darauf gefasst, dass jederzeit wieder eine „Kritikmine" hochgehen kann. Sie versuchen, sich innerlich gegen diese „Attacken" zu wappnen, denn Kritik kommt für sie oft aus heiterem Himmel. Oft verstehen sie nicht, warum der andere sie kritisiert. Sie wissen nicht, wie ihnen geschieht, und finden die Kritik ungerecht. „Ich hab doch nur…, und ich wollte doch nur…", das ist in solchen Fällen dann eine typische Reaktion. Oder sie weisen ihr Gegenüber auf seine eigenen Anteile an der Situation hin, nach dem Muster: „Nur weil du…, habe ich…"

Wenn eine Brave Tochter ihr Verhalten auf diese Weise zu rechtfertigen versucht oder auch einen Gegenangriff startet, handelt sie sich leicht den Vorwurf ein, sie könne keine Kritik vertragen. Das wird von ihr wiederum als ungerecht empfunden – sie und keine Kritik vertragen, wo sie doch so selbstkritisch ist und die Schuld zuerst immer bei sich selber sucht und doch noch dazulernen möchte. Aber gegen „ungerechte" Kritik wird sie sich doch wohl wehren dürfen…

Ich nehme an, Sie waren schon an solchen Diskussionen beteiligt, in der einen oder anderen Rolle. Eine Brave Tochter erlebt sich in solchen Situation wie in einer Falle – was sie auch sagt, es wird gegen sie verwendet. Dann kann aus relativ geringfügigem Anlass eine explosive „Gemengelage“ entstehen. Es beginnt in ihrem Inneren zu brodeln, der innere Druck wird zu stark und entlädt sich bisweilen explosionsartig – insofern wird es für sie bei Kritik wirklich in besonderer Weise kritisch.

„Wie ich dir, so du mir“ – unausgesprochene Erwartungen

Ein weiterer Faktor, der das Leben einer Braven Tochter anstrengend machen und immer wieder Frust verursachen kann, sind ihre unausgesprochenen Erwartungen. Sie sind ihre fast ständigen Begleiterinnen; oft sind sie ihr allerdings nicht bewusst. Darauf angesprochen, wäre sie sicher zunächst einmal erstaunt und würde nicht so ohne weiteres akzeptieren, dass sie Erwartungen an andere haben soll. Wo sie es doch ist, die die ausgesprochenen und unausgesprochenen Erwartungen der anderen zu erfüllen versucht! Sie will doch nichts für sich selber und braucht auch nichts, außer dass man mit ihr zufrieden ist und sie so machen lässt, wie sie es für richtig hält. Es ist ihr doch klar, dass sie von anderen nicht viel erwarten kann und darf. Und außerdem: Wenn sie mal etwas von jemandem möchte, drückt sie das doch ziemlich deutlich aus! Diesem Selbstbild der Braven Tochter entspricht im Übrigen auch der Eindruck ihrer Mitmenschen: Eine Brave Tochter braucht für sich selbst nicht viel, und was sie will, wird sie schon sagen.

Und doch gibt es unter der Oberfläche diese unausgesprochenen Erwartungen. In meiner Beratungspraxis tauchen sie regelmäßig auf, wie die Spitze eines Eisbergs von Enttäuschung und Verbitterung. All diese dort hervorbrechenden Klagen lassen sich unter der Überschrift zusammenfassen: „Ich mach das immer, er macht das nie! Er käme überhaupt nicht darauf, dass ich das auch mal gerne hätte! Soviel tu ich für ihn, und was tut er für mich?" Oder bezogen auf die Kinder: „Alles hab ich für sie getan, und sie?"

Unausgesprochene Erwartungen tauchen ebenfalls im ganz normalen Alltag von Frauen auf, die „eigentlich" mit ihrem Leben zufrieden sind. Auch bei ihnen zeigt sich die Existenz solcher Erwartungen immer dann besonders eindrücklich, wenn sie nicht erfüllt werden, und das passiert ziemlich oft:

Frau Ö. hat eine Stelle als Gemeindekrankenschwester mit sehr unregelmäßigen Einsatzzeiten. Ihr Mann arbeitet bei einer Behörde. Oft ist er schon daheim, wenn sie ziemlich erledigt endlich auch nach Hause kommt. Sie würde sich sehr freuen, wenn ihr Mann, der ja schon eine Weile Zeit hatte, sich auszuruhen, sich ihr freundlich zuwenden, sich nach ihrem Arbeitstag erkundigen und fragen würde, ob er etwas für sie tun kann – so nämlich macht sie es an den Tagen, an denen sie vor ihm Dienstschluss hat. Manchmal ist ihr das zwar lästig, etwa wenn sie es sich ausnahmsweise einmal vor dem Fernseher bequem gemacht hat. Aber sie weiß ja schließlich, was sich gehört, und macht den Fernseher aus.

Es passiert ihr allerdings dann immer wieder, dass ihr Mann gar nicht so erfreut reagiert, wenn sie gleich ein Gespräch mit ihm anfängt... Er hingegen bleibt meist am Computer sitzen oder liest weiter Zeitung. Frau Ö. ist jedes Mal wieder enttäuscht und verärgert, dass ihr Mann sie so wenig im Blick hat – wie kann ein Mensch nur so unaufmerksam und lieblos sein? Auch wenn ihr Mann keine Lust hat, auf sie einzugehen, könnte er sich ein bisschen zusammennehmen, schließlich gibt sie sich ja auch Mühe!

Im Leben Braver Töchter lassen sich zahllose ähnliche Szenen finden, die alle mit der unausgesprochenen Erwartung zusammenhängen, dass andere sie doch bitte genauso im Blick haben möchten, wie sie selbst die anderen im Blick hat. Nicht, dass ihr Engagement berechnend wäre; aber es wäre doch einfach schön, wenn ein bisschen mehr zurückkäme...

„Eigentlich bin ich ganz anders“ – die verborgene schwache Seite

Die Schattenseiten der Braven-Tochter-Existenz sind Ihnen, so hoffe ich, hinreichend deutlich geworden. Sie hängen alle damit zusammen, dass eine Brave Tochter neben der äußeren starken Seite auch eine innere, gut verborgene, manchmal gar nicht starke Seite hat. Das Miteinander, Ineinander und auch Gegeneinander dieser beiden Seiten verursacht immer wieder mehr oder weniger große Probleme, sowohl für die Brave Tochter selber als auch für die Menschen, mit denen sie zu tun hat und deren Bestes sie will.

Hier ist es mir wichtig, nochmals zu betonen, was Sie bei der Lektüre der vorhergehenden Kapitel sicher selber immer wieder festgestellt haben: Unter den Frauen, die wir als Brave Töchter bezeichnen, gibt es große individuelle Unterschiede. Sie unterscheiden sich zwar deutlich von anderen Frauen, die keine Braven Töchter sind. Aber: Brave Tochter ist nicht gleich Brave Tochter. Die geschilderten Eigenschaften und Verhaltensweisen finden sich bei manchen Braven Töchtern sehr ausgeprägt, bei anderen sind sie nur ansatzweise vorhanden. Manche Frauen haben auch schon viel an sich gearbeitet und sind auf ihrem Weg schon ein gutes Stück weiter gekommen.

Auch bezogen auf das innerliche Schwachsein lassen sich deutliche Unterschiede feststellen. Es gibt Brave Töchter, die relativ wenig „Schwachstellen“ haben. Es gibt andere, die sich ihrer „blinden Flecken“ bewusst sind und meist auch ganz gut damit umgehen können. Manche „funktionieren“, ohne groß nachzudenken, bis ins hohe Alter erstaunlich gut; gelegentliche Anflüge von Bitterkeit und depressive Anwandlungen schieben sie rasch beiseite. Wieder andere empfinden sich durchgängig als stark – sie würden schlichtweg bestreiten, dass sie in nennenswertem Umfang mit Schwäche zu tun haben. Ein gutes Beispiel für diese ungebrochene Stärke ist Frau Ü.:

Frau Ü., 65 Jahre, verwitwet, ältestes Kind unter insgesamt acht Geschwistern, ist bei jedem Familienfest diejenige, die aus Norddeutsch-

land anreist, um die jeweilige Schwester oder Schwägerin bei den Festvorbereitungen tatkräftig zu unterstützen. Auch am Festtag selber ist sie es, die meist in der Küche steht. Ihre Energie ist ungebrochen, sie verbreitet gute Laune. Manches geht ihr nicht mehr so schnell von der Hand wie früher, doch würde sie sich nicht wohl fühlen, wenn sie erst direkt zum Fest anreisen würde, wie der Rest der Verwandtschaft. Und sich als eine der ältesten Anwesenden bedienen zu lassen, wie es ihr die anderen nahe legen, kommt für sie schon gar nicht in Frage.

Andere Brave Töchter wissen sehr wohl um ihre schwache Seite, können sie aber nur schwer annehmen. Und sie verbergen sie meist gut vor ihren Mitmenschen und teilweise auch vor sich selbst. Am liebsten wäre es ihnen, wenn es diese schwache Seite gar nicht gäbe. Aber immer wieder kommen sie in Kontakt damit, und kaum eine Brave Tochter, die nicht gelegentlich schon gedacht hat: „Eigentlich bin ich ganz anders". Wenn in solchen Situationen dann gerade jemand da ist, der ihr freundlich begegnet und sich wirklich für ihr Befinden interessiert, kann es sein, dass eine Brave Tochter sich öffnen kann, wenigstes ein Stück weit und eine Zeit lang. Das tut ihr einerseits gut, andererseits hat sie aber schnell wieder Schuldgefühle, den anderen über Gebühr zu beanspruchen und zu belasten. Und es fühlt sich seltsam ungewohnt an.

Brave Töchter sind in einem Dilemma: Sie wünschen sich oft Unterstützung, doch es fällt ihnen schwer, um Hilfe zu bitten und Hilfe anzunehmen. Das hat verschiedene Ursachen, unter anderem die gerade genannte Sorge, jemand anderem zur Last zu fallen. Außerdem halten sie sich oft auch in Momenten der Schwäche im Grunde noch für stärker als die anderen, und vielleicht sind sie es sogar. Hinzu kommt, dass sie meist genaue Vorstellungen davon haben, was sie brauchen, und daran zweifeln, ob jemand ihnen genau das geben kann – etwas anderes als Hilfe gelten zu lassen, fällt ihnen schwer.

Der Hauptgrund aber ist: Sie haben tief innen Angst davor, sich schwach zu zeigen, denn sie befürchten, nicht wirklich aufgefangen und gehalten zu werden. Wenn sie auf fremde Hilfe bauen und sich diese als nicht tragfähig erweist, kann ein Sturz ins Bodenlose drohen. Deshalb verlassen sich die meisten Braven Töchter lieber auf sich selbst und versuchen auch bei ernsten Schwierigkeiten noch sehr lange, ohne Hilfe auszukommen. Sie halten sich an ihrer auch in einer Krise noch vorhandenen „Reststärke“ fest und versuchen, darauf aufbauend, wieder ihre gewohnte Kraft zu erlangen.

Normalerweise erlebt sich eine Brave Tochter als stark. Ob dieses Erleben stabil ist, hängt unter anderem von ihren Lebensbedingungen ab. Ein Mann, der sie würdigt, Kinder, die sich erfreulich entwickeln, ein intakter Freundeskreis, all das kann zu ihrer Zufriedenheit beitragen und stabilisierend wirken. Und wenn dann auch noch die täglichen Anforderungen in einem Rahmen bleiben, der ihre Kräfte nicht überfordert, schafft sie es in der Regel, mit ihren Schattenseiten so umzugehen, dass sie selbst und andere über lange Jahre gut damit leben können. Stress, Spannungen und Enttäuschungen gehören zum Leben einfach dazu, und niemand kann sich jeden Tag gleich fit fühlen. Auch eine starke Frau darf ausnahmsweise mal schwach sein, morgen sieht's schon wieder anders aus!

„Warum bin ich auf einmal so unzufrieden?“ – eine Fallgeschichte

Unzählige Brave Töchter, die um ihre schwachen Seiten wissen, schaffen es in bewundernswürdiger Weise, ihr anstrengendes Leben für andere über Jahrzehnte durchzuhalten. Dem äußeren Anschein nach geht es ihnen gut, und wie es in ihnen aussieht, davon schweigen sie meist lieber. Oft spüren sie auch selber nicht so genau hin, wie sie sich wirklich fühlen. Und so sind dann nicht nur ihre Mitmenschen, sondern auch sie selber recht überrascht und ratlos, wenn sie – allmählich oder plötzlich – anders als bisher nicht mehr zur allgemeinen Zufriedenheit funktionieren, so wie in folgendem Fall, der auf einer Fortbildung vorgestellt wurde:

Frau I., Anfang 40, wurde von ihrem Hausarzt an eine Psychologische Beratungsstelle verwiesen. Sie hatte den Arzt aufgesucht, weil sie sich schon länger erschöpft fühlte, ohne irgendwelche Anzeichen von einem Infekt. Sie konnte sich ihre Kraftlosigkeit und gedrückte Stimmung nicht erklären und wollte abklären lassen, ob sich vielleicht irgendwo eine ernste Erkrankung versteckte. Ihr Arzt konnte sie diesbezüglich beruhigen, sprach aber von Depressionen und verschrieb ihr ein Antidepressivum. Zudem überwies er sie an den Frauenarzt – beginnende Wechseljahre – und legte ihr nahe, Beratungsgespräche zu führen.

Zu ihrer Person und Lebenssituation machte Frau I. folgende Angaben: Sie ist gelernte Krankenschwester, verheiratet, hat zwei Kinder. Ihr Mann verdient gut, da er in verantwortlicher Position ist, die allerdings viele Überstunden mit sich bringt. Die Familie wohnt im eigenen Haus. Mit den Kindern gibt es keine wirklichen Probleme. Der 19-jährige Sohn hat seine Ausbildung fast fertig und wird in Kürze eine Stelle in Berlin antreten, die 16-jährige Tochter geht noch zur Schule.

Frau I. berichtete, sie sei eingebunden in einen großen Bekanntenkreis. Darüber hinaus sei sie immer in der Kirchengemeinde aktiv gewesen. Viele bewunderten ihre Einsatzfreude und Hilfsbereitschaft, und ihre Freundinnen schätzten sie als verständnisvolle Zuhörerin. Eigentlich könnte sie zufrieden sein, und früher sei sie es auch meist gewesen.

Seit einigen Monaten verstand Frau I. sich oft selber nicht: Sie fühlte sich unausgeglichen, oft niedergeschlagen und lustlos. Sie hatte deutlich zugenommen. Sie war unzufrieden mit ihrem Mann, der so wenig da war. Die Kinder hatten ihre eigenen Interessen. Einerseits war es ein täglicher Kampf ums Mithelfen, andererseits brauchten sie die Mutter nicht mehr so wie früher, ihre Fürsorge schien ihnen zunehmend lästig zu sein. Und in der Kirchengemeinde, so ihr Eindruck, hatten inzwischen andere das Sagen. Ihr Einsatz wurde nicht mehr so gewürdigt wie früher, es gab sogar Kritik.

Frau I. erzählte, dass ihre Freundinnen teilweise schon genervt seien, weil sie sich so verändert habe. Sie sparten nicht mit guten Ratschlä-

gen und aufmunternden Worten: Sie müsse besser mit den eigenen Kräften haushalten, schließlich müsse sie ja auch nicht überall mitmischen, und sie solle doch froh sein, wenn andere ihr Arbeit abnehmen; den Kindern müsse sie klare Ich-Botschaften geben und endlich lernen, Grenzen zu setzen; und im Übrigen habe sie doch jetzt, wo die Kinder älter seien, endlich die Möglichkeit, eigenen Interessen nachzugehen und die entstandenen Freiräume zu nutzen. Auch eine Kur sei ihr empfohlen worden, damit sie mal rauskomme aus dem täglichen Einerlei; und was die in die Jahre gekommene Ehe betraf, sei das Thema Paarberatung in den Raum gestellt worden. Ja, und ihr Mann meine, das sei eine Phase, die irgendwann vorüber gehe, sie dürfe die Probleme nicht überbewerten; sie müsse nur ein wenig Geduld haben und sich ablenken.

Frau I. brachte in der Beratung zum Ausdruck, dass ihr all diese gut gemeinten Vorschläge ihrem Gefühl nach nicht weiterhelfen würden und dass sie sich von niemand wirklich verstanden fühle. Vieles von dem, was man ihr bisher vorgeschlagen habe, wisse sie ja selber, und manches habe sie ja auch schon ausprobiert, um aus ihrem „Loch" herauszukommen, aber sie schaffe es einfach nicht, und im Grunde finde sie alles so mühsam und sinnlos. Ihr Problem sitze einfach tiefer; vielleicht sei sie ja doch krank, auch wenn der Arzt nichts Körperliches habe finden können.

In den Beratungsgesprächen mit Frau I. wurde dann der Kern ihrer vom Arzt klar erkannten Depressionen herausgearbeitet: Sie war verletzt, und sie hatte Angst. Zusammen mit der Beraterin konnte sie diese Gefühle genauer in den Blick nehmen und sie in ihrem ganzen Ausmaß spüren. Sie hatte Angst um ihre Ehe, nach ihrem Gefühl liebte ihr Mann sie nicht mehr, und sie war wütend, weil ihre Tochter sich so massiv von ihr abgrenzte. An den Auszug ihres Sohnes mochte sie gar nicht denken, er würde ihr so sehr fehlen. Dass sie in „ihrer" Kirchengemeinde ausgebootet worden war, machte ihr doch wohl mehr zu schaffen, als sie sich hatte eingestehen wollen. Alles, was ihr bisher wichtig gewesen war, schien in die Brüche zu gehen. Frau I. wurde klar, der Sinn ihres Lebens war es von jeher gewesen, für andere da zu sein, besonders für ihre Familie. Wenn das wegfiel, was für einen Sinn konnte ihr Leben dann noch haben?

Soweit die Geschichte von Frau I. – sie ist übrigens gut weitergegangen. Frau I. konnte ihre Krise mit Hilfe der Beratungsgespräche als Chance begreifen und sich ganz allmählich neu orientieren.

Unserer Erfahrung nach gibt es viele Brave Töchter, die in eine Sinnkrise kommen, meist in der Lebensmitte, manchmal aber auch schon früher oder erst später, etwa nach dem Ausscheiden aus dem Berufsleben. Wie solche Krisen aussehen können und wodurch sie erfahrungsgemäß oft ausgelöst werden, dazu nun zum Abschluss dieses 2. Teils noch einige Informationen und Überlegungen.

„So kann das nicht mehr weitergehen!" – Veränderung tut Not

Ganz allgemein lässt sich feststellen, dass die für das Leben Braver Töchter typischen Krisen meist eine lange Vorgeschichte haben, auch wenn sie ganz unerwartet und sehr heftig ausbrechen, ja oft aus heiterem Himmel zu kommen scheinen. Zudem können alle, unabhängig davon, wodurch sie ausgelöst wurden, von körperlichen Symptomen begleitet werden: Erschöpfungszustände, Tinnitus, Rückenschmerzen und Verspannungen, Probleme mit Magen und Darm, eine erhöhte Infektanfälligkeit oder eine Häufung von Migräneattacken, starke Gewichtszunahme oder Gewichtsverlust und vielerlei andere körperliche Erkrankungen. Manchmal kommt es auch zu einem totalen körperlich-seelischen Zusammenbruch. Ein schon vorhandenes Suchtverhalten kann sich verstärken, und Depressionen können aufbrechen. Bisher nicht gekannte Verhaltensweisen wie heftige Wutanfälle können die Krise ebenfalls begleiten.

Nach unseren Erfahrungen gibt es hauptsächlich drei Auslöser für Krisen im Leben Braver Töchter. In vielen Fällen sind die Kräfte einer Braven Tochter einfach irgendwann erschöpft, sie hat ein „Burn out", ist ausgebrannt. Im Lauf der Jahre erhöht sich der Druck der vielen Anforderungen, die auf ihr lasten und die sie erfüllen will oder muss, und wenn zu den bisherigen Aufgaben dann eine weitere hinzukommt, etwa die Pflege des hoch betagten verwirrten Schwiegervaters, läuft das Fass über. Plötzlich spürt die Frau die Überforderung, den Stress und auch den Ärger vieler Jahre und hat das Gefühl: „So kann das nicht weitergehen! Wieso eigentlich immer ich? Ich kann nicht mehr! Und was lasse ich da wieder mit mir machen? So will ich das nicht mehr!"

Zum anderen spielen Eheprobleme eine große Rolle. Solange das Paar noch zusammen ist, bekommen die Menschen im Umfeld oft nur wenig von den Schwierigkeiten mit. Nach außen scheint alles im Bereich des Normalen. Die Fassade wird aufrechterhalten, so lange es eben geht, auch gegenüber der eigenen Familie. Brave Töchter haben ja sehr lange die Hoffnung, mit allen Schwierigkeiten allein zurechtzukommen. Zudem können sie es kaum glauben, dass ihre Ehe tatsächlich vom Scheitern bedroht sein soll. Wenn eine Brave Tochter sich irgendwann eingestehen muss, dass ihr selber die Kraft ausgeht und dass sie mit diesem Mann nicht mehr kann und will, oder wenn ihr Mann sich einer neuen Partnerin zuwendet, kann sich die innere Verfassung einer Braven Tochter schnell und dramatisch zuspitzen. Die Lebenskrise ist da, in voller Wucht. Das Scheitern einer Ehe ist natürlich niemals leicht zu verkraften, doch eine Brave Tochter empfindet besonders viel Bitterkeit: Soviel hat sie investiert, nichts war ihr zuviel, und letztlich hat alles nichts genützt... Nicht verheiratete Brave Töchter können durch Partnerschaftsprobleme ebenfalls in eine tiefe Krise kommen, besonders wenn ihre Beziehungen immer wieder scheitern: „Warum gerate ich immer an die falschen Männer? Was ist mit mir los, dass es kein Mann auf Dauer mit mir aushält? Ich will aber nicht mein Leben lang allein bleiben!"

Einen dritten typischen Auslöser haben Sie in der Fallgeschichte von Frau I. kennen gelernt: Wenn Brave Töchter von den Menschen, für die sie bisher da waren und für die sie weiterhin da sein wollen, nicht mehr gebraucht werden, fühlen sie sich überflüssig: „Was soll ich denn noch hier? Was für einen Sinn hat mein Leben überhaupt noch?" Eine bei vielen Braven Töchtern vorhandene depressive Grundstruktur wird dann belebt. Ein Gefühl von Leere, das bisher meist durch Aktivsein überdeckt oder neutralisiert wurde, kommt zum Vorschein. Auch wenn es nach außen nicht so wirkt: Ausgeprägte eigene Interessen haben Brave Töchter eher selten; manchmal fällt es ihnen sogar schwer zu sagen, was ihnen außer ihrem Dasein für andere wirklich wichtig ist. Ihre Energie, ihr Schwung, ihre vielen Aktivitäten signalisieren nach außen eine positive Lebenseinstellung, die in vielen Fällen so nicht vorhanden ist. Nach dem Empfinden vieler Braver Töchter ist das Leben eigentlich eher mühevoll und schwer als leicht und spielerisch. Bisweilen können inneres Erleben und äußeres Leben extrem stark auseinander klaffen, fast wie bei einem „Doppelleben".

Sinnkrisen gibt es natürlich in jedem Leben, sie gehören zum Menschsein dazu. Etwas Altes geht zu Ende, etwas Neues will und muss beginnen. So schmerzhaft diese Prozesse auch sein mögen, so tut sich doch bei den meisten Menschen nach einiger Zeit eine neue Perspektive auf. Viele gehen gestärkt aus einer Krise hervor, und oft haben sie einen neuen Lebenssinn gefunden. Bei Braven Töchter ist dieser Prozess häufig mühsamer, und zwar aus folgendem Grund: Ihr Selbstwertgefühl hängt in besonders hohem Maße an der Wertschätzung von außen. Für sich allein sind sie in ihren Augen unwichtig und wertlos. Mehr als viele andere Menschen sind sie darauf angewiesen, immer wieder massiv von außen bestätigt zu werden. Das Dasein für andere ist es, wodurch sie sich wichtig und stark fühlen können. Wenn das nicht mehr möglich ist, weil ihre Tüchtigkeit abgelehnt wird oder sogar zusammenbricht, müssen sie sich, vielleicht erstmals in ihrem Leben, in ihrer ganzen Schwäche und Bedürftigkeit wahrnehmen und aushalten, und das, ohne die geringste Ahnung zu haben, wie sie aus sich selbst heraus eine eigene, von anderen unabhängige Stärke gewinnen sollen. Deshalb erleben Brave Töchter eine Lebenskrise häufig als besonders bedrohlich und tief gehend.

Kein Zweifel: Brave Töchter sind auf der einen Seite sehr stark; ihre Stärke ist nicht nur Fassade, sie ist echt. Jede Minute des Tages beschäftigt, ständig gedanklich beansprucht, gefordert durch hohe Ansprüche an sich selbst, im Kampf mit Schuldgefühlen, innerlich angespannt durch viele besorgte Überlegungen, „bedroht“ von Kritik und oft frustriert in den unausgesprochenen Erwartungen – nur starke Frauen können all das über viele Jahre durchhalten. Aber das ist nur die eine Seite. Die andere, die schwache, gibt es auch, und die tritt in vielen Fällen irgendwann in den Vordergrund – dann ist die Krise da. In der Phase der krisenhaften Zuspitzung zeigt sich das Brave-Tochter-Syndrom in seiner ganzen Wucht. Zur Entstehungsgeschichte und zu den Wurzeln dieses Syndroms wird Ihnen mein Mann nun in Teil 3 einiges erläutern.

Teil 3:
Die Hintergründe

Viele Mädchen entwickeln sich von ihrer frühen Kindheit an zu Braven Töchtern. Dabei können verschiedene Ursachen eine Rolle spielen, um die es im Einzelnen noch gehen wird. Tendenziell sind es in einer Geschwisterreihe besonders die Ältesten und eher Mädchen als Jungen, die diese Rolle des Tragens und Ausgleichens übernehmen. Doch warum die einen sie übernehmen und andere nicht, das kann letztlich nicht erklärt werden.

„Ich konnte nie richtig Kind sein" – die Kindheit Braver Töchter

Wenn Brave Töchter über ihre Kindheit sprechen, zeigen sich, bei aller Verschiedenheit der individuellen Lebenssituationen, viele Ähnlichkeiten. Sie wurden in eine Familie hineingeboren, in der es bei beiden Eltern oder bei einem Elternteil belastende Erfahrungen in der eigenen Biografie oder schwere Ereignisse in der Familiengeschichte gibt. In vielen Fällen hatten schon die Eltern ihrerseits eine schwierige Kindheit, und deren Eltern ebenfalls, so dass Mangelerfahrungen unbewusst über Generationen weitergereicht wurden. Brave Töchter haben in einer besonderen Weise darauf reagiert: Sie haben mitgefühlt und mitgetragen und versucht, es den Eltern leicht zu machen durch Wohlverhalten und Mithelfen. Hier liegen die Wurzeln ihres Brave-Tochter-Seins.

Die Kindheit vieler Braver Töchter war nicht wirklich glücklich. Schon sehr früh fühlten sie, dass die Eltern mit Eigenem zu tun hatten, und versuchten unbewusst, für sie keine zusätzliche Belastung zu sein. Sie waren lieb, pflegeleicht, vernünftig, tüchtig. Sie verhielten sich weitgehend so, wie es von ihnen erwartetet wurde.

Der Beginn dieser Entwicklung muss wohl schon im Bauch der Mutter angesetzt werden, sicher aber im Säuglingsalter. Das Baby spürt, welche seiner spontanen Regungen und Äußerungen willkommen sind und welche nicht, wie es sich also verhalten muss, um die freundliche, liebevolle Zuwendung zunächst vor allem der Mutter sicherzustellen.

Ebenfalls schon sehr früh versuchen Brave Töchter, ihren Eltern aktiv zu helfen und sie zu stützen. Manche Frauen können sich erinnern, dass sie, schon bevor sie in den Kindergarten gingen, die Mama immer mal wieder getröstet haben oder beruhigen wollten. Manche wissen auch noch, dass sie bereits als ganz kleine Mädchen eifrig im Haushalt mitgeholfen haben, um der Mama eine Freude zu machen.

Viele erinnern sich auch daran, dass sie oft nicht durften, was sie gerne getan hätten. Ihre eigenen Bedürfnisse und Interessen kollidierten häufig mit dem, was von ihnen erwartet wurde. Die Eroberung der Welt wurde reglementiert. Vieles war verboten, weil gefährlich, ungehörig oder störend, oder es galt als unwichtig und wurde unterbrochen und durch „Wichtigeres" ersetzt. Es war normal für sie, ihre eigenen Bedürfnisse zurückzustellen, wenn die Mama oder der Papa sie brauchte, und sie waren stolz, wenn sie es recht gemacht hatten und dafür gelobt wurden.

In sich versunkenes Spielen war selten möglich. Sie lernten, dass eigene Impulse nicht wichtig waren. Gelobt wurden sie nicht für Kreativität, sondern für das Gehorchen und Liebsein. Sie lernten, Antennen in Richtung Erwachsenenwelt auszufahren, um Unheil in Form von Ermahnen, Schimpfen, Strafen oder auch nur Unzufriedenheit der Mutter oder des Vaters zu vermeiden.

Spätestens ab dem Alter, wenn sie in die Schule kamen, war für Brave Töchter völlig klar, dass sie ihren Eltern keinen Kummer bereiten durften. Möglichst gute Schulleistungen und unauffälliges Verhalten in der Schule wurden erwartet und meist auch geliefert. Probleme waren dazu da, irgendwie alleine bewältigt zu werden. Oft hatten Brave Töchter in ihrer Kindheit niemand, an den sie sich hätten anlehnen können. Sie fühlten sich häufig alleine, und es gab niemand, der ihnen vermittelte, so wie du bist, bist du in Ordnung und liebenswert. Daher konnten sie nur ein geringes Selbstwertgefühl entwickeln und blieben abhängig von positiven Rückmeldungen.

Wenn Brave Töchter sich den Erwartungen der Eltern anpassten, dann war die Belohnung oft ein besonders enges Verhältnis zu Papa oder Mama, verbunden mit dem etwas „wackeligen“ Gefühl, Mamas Große oder Papas Liebling zu sein. Die innere Unsicherheit führte dazu, dass sie sich immer wieder angepasst verhielten, so dass dieses Verhalten ihnen schließlich in „Fleisch und Blut“ überging.

Brave Töchter haben ihre Eltern in ihrer Kindheit oft nicht wirklich „gehabt“. Sie haben sich nicht wirklich von beiden Eltern geliebt gefühlt, so wie sie waren. Oft waren die Eltern oder zumindest ein Elternteil mit sich selber beschäftigt, ganz auf die Arbeit konzentriert, innerlich trotz körperlicher Anwesenheit nicht ganz „da“. Viele konnten sich ihren Kindern nur sehr begrenzt zuwenden, selbst wenn sie bewusst eine Familie gegründet hatten und ihre Kinder Wunschkinder waren.

In allen Familien Braver Töchter gibt es im Hintergrund Schweres im Familiensystem, das auf die Eltern wirkt, und Brave Töchter tragen das Schwere im Familiensystem in unterschiedlicher Weise mit. Meist stützt eine Brave Tochter einen der beiden Elternteile, also den Vater oder die Mutter, und gegenüber dem anderen Elternteil entwickelt sich eher eine Vorwurfshaltung. Es kann aber auch vorkommen, dass sich dieses Stützen auf beide Eltern bezieht. Diese unterschiedlichen Ausrichtungen möchte ich Ihnen in den folgenden Kapiteln an einigen Fallbeispielen genauer erläutern.

„Mama war so allein" – Töchter, die ihre Mutter stützen

Schlimme Ereignisse in der Familiengeschichte wirken sich nicht nur auf die direkt Betroffenen aus, sondern darüber hinaus auf die nachfolgenden Generationen, und zwar unterschiedlich stark auf einzelne Kinder, Enkel und Urenkel. Zu den in ihrer Wirkung besonders weit reichenden Ereignissen gehören vor allem: früher Verlust des Vaters oder der Mutter durch Krankheit, Unfall, Krieg oder Trennung; Tod einer Frau im Kindbett; schwere, lange dauernde Krankheit eines Elternteils, eines Bruders oder einer Schwester; Behinderung oder früher Tod von Geschwistern; Flucht und Vertreibung; wirtschaftlicher Zusammenbruch eines Familienunternehmens.

Bei Müttern, die von ihren Töchtern gestützt wurden, können alle diese Faktoren eine Rolle spielen. Sie sind zum Teil ohne Vater aufgewachsen, weil dieser im Krieg geblieben oder früh gestorben ist oder weil sich die Eltern getrennt haben. Manche haben ihre Mutter früh verloren. Manche hatten einen ersten Mann oder Verlobten, der verunglückt oder im Krieg gefallen ist oder sie verlassen hat. Viele Großväter, Väter oder Männer, die aus dem Krieg zurückkamen, oft erst nach der Gefangenschaft, waren durch schlimme Erlebnisse belastet. Zum Teil führte das dazu, dass sie sich in ihrer Ehe oder in ihrem Beruf oder ganz allgemein mit ihrem Leben schwer getan haben. Mütter haben im Krieg und danach Kinder verloren, sie sind zum Teil verhungert oder wegen fehlender Medikamente gestorben. Und Mütter haben zum Teil noch selber als Kinder Flucht und Vertreibung erlebt, wie die Mutter von Frau B.:

Frau B., Mitte 40, kam zu mir wegen Tinnitus und Schlafstörungen. Sie war an die Grenzen ihrer physischen und psychischen Kräfte gekommen und wollte sich Unterstützung holen beim Abbau ihrer vielfältigen Stressfaktoren.

Sie ist verheiratet und hat zwei Söhne. Ihr Bruder, zwei Jahre vor ihr geboren, ist mit acht Jahren gestorben. Bis heute ist die Todesursache unklar. Ihre Mutter ist am Ende des Zweiten Weltkriegs zusammen mit ihrer Mutter und zwei kleinen Geschwistern aus Ostpreußen geflohen. Ihre behütete Kindheit fand ein jähes Ende. Der Vater der Mutter war lange im Krieg. In den 50er Jahren baute er im Westen eine florierende eigene Firma auf.

Die Mutter von Frau B. war häufig krank und leidend, auch schon in der Kindheit von Frau B. und ihrem Bruder. Von klein auf hat Frau B. ihre Mutter gestützt, aus Liebe. Nach dem Tod des Bruders wurde die Beziehung noch enger, die Mutter „brauchte" ihre Tochter sehr, und Frau B. tat alles, damit es ihrer Mutter besser ging. Sie wurde eine Brave Tochter.

Schwere Familiengeschichten von Frauen, die es ihren Müttern leichter machen wollten, ließen sich in großer Zahl hier ergänzen. Nicht alle konnten sich von ihrer Mutter geliebt fühlen wie Frau B. Es gibt auch Frauen, die sich ihr Leben lang nach der Liebe ihrer Mutter gesehnt und sie ihrem Empfinden nach trotz allem Mittragen nicht bekommen haben.

„Papa hat mir so Leid getan" – besondere Vatertöchter

Auch Väter mit einer schweren Familiengeschichte gibt es nicht selten. Oft versuchen sie stark zu sein. Doch das Schwere dahinter prägt aus dem Verborgenen heraus die Ehe und das Familienleben. Manche Töchter spüren die verletzten und belasteten Seiten, und manche versuchen dann, es ihren Vätern so leicht und so schön wie irgend möglich zu machen. Sie entwickeln sich zu Braven Vatertöchtern.

Frau R. war unzufrieden mit ihrer Ehe. Es gab immer wieder heftige Konflikte, die für sie wie aus heiterem Himmel kamen. Sie war das zweite Mal verheiratet. Aus der ersten Ehe brachte sie einen 12-jährigen Sohn in die Ehe. Mit ihrem zweiten Mann bekam sie dann noch zwei Töchter.

Heftige Konflikte kannte Frau R. schon von klein auf. Auch bei ihren Eltern hatte es viel Streit gegeben. Dabei hatte sie sich innerlich mehr auf die Seite ihres Vaters gestellt. Er tat ihr Leid. Ihre Mutter war aus ihrer Sicht oft so gemein zu ihm. Ihr konnte sie es nie recht machen.

Der Vater von Frau R. hatte seinen Vater als kleiner Junge durch den Krieg verloren. Seine Mutter heiratete ein zweites Mal. Dieser zweite Mann war Invalide. Auch diese Ehe war von heftigen Auseinandersetzungen geprägt.

Frau R. hatte ein inniges Verhältnis zu ihrem Vater. Von ihrer Mutter wurde sie als Konkurrentin erlebt. Trotz der Anerkennung durch den Vater konnte sie kein stabiles Selbstwertgefühl entwickeln. Im Gegenteil, sie hatte ständig Minderwertigkeitsgefühle und Schuldgefühle, zuerst gegenüber ihrer Mutter, später gegenüber ihrem Mann.

Das Verhältnis zur Mutter wurde mit zunehmendem Alter immer schwieriger. Sie stellte unerfüllbare Forderungen. Es gab ständig Beschuldigungen und schlimme Vorwürfe. Eine Zeit lang hatte Frau R. den Kontakt mit ihrer Mutter abgebrochen, doch danach bekam sie so heftige Depressionen, dass sie es nicht mehr aushielt. Für die „Wiederannäherung“ zahlte sie aber ebenfalls einen hohen Preis, denn das Verhältnis war danach wieder genauso schwierig wie zuvor.

Am Beispiel von Frau R., einer typischen Braven Vatertochter, wird deutlich, wie stark Brave Töchter in ihrem Erwachsenenleben trotz all ihrer Tüchtigkeit und ihres Bemühens mit Altem belastet sein können. Ihre Eltern hatten häufig Streit, wie auch schon eine Generation davor die Mutter ihres Vaters mit ihrem zweiten Mann. Dieser Streit, den sie von klein auf miterlebte, wird von ihr – ohne es zu wollen – in ihrer eigenen Ehe neu inszeniert. Sie scheint irgendwie unter einem Zwang zu stehen, und sie versteht nicht, warum dies so ist.

„Es war so schon schwer genug" – ja nicht zur Last fallen

Ich möchte Ihnen nun zwei Brave Töchter vorstellen, die für beide Eltern deren Lebenslast getragen haben.

Frau D. wollte sich gerne insgesamt wohler fühlen. Vor sechs Jahren hatte sie sich von ihrem ersten Mann, einem Alkoholiker, getrennt und wünschte sich nun eine dauerhaft glückliche Partnerschaft. Sie wollte geliebt und geachtet werden und lernen, mit manchem sicherer und erwachsener umzugehen, sich z. B. von der Sorge frei machen, was andere wohl über sie denken mögen.

Ihr Vater starb, als sie 15 Jahre alt war. Ihre Kindheit war durch seine langjährige Krebserkrankung überschattet. Zu beiden Eltern war ihre Beziehung gut und eng. Sie hatten es ja auch so schwer und brauchten dringend Unterstützung. Sie versuchte, der Sonnenschein der Familie zu sein, und glänzte durch Wohlverhalten und Tüchtigsein.

Das Tragen für beide Eltern bestimmte auch die Kindheit von Frau T., obwohl ihr Lebenshintergrund ein ganz anderer war:

Frau T. war immer wieder krank, schon als Kind und als Jugendliche. Sie litt darunter, dass ihre Eltern ständig von ihr und ihren beiden Brüdern Leistung verlangten. Früh lernte sie, dass frau nur wer ist, wenn frau sich durch Arbeit hervortut. Sich durchs Leben zu kämpfen, das hatten ihr Vater und ihre Mutter ebenfalls früh lernen müssen: Der Vater des Vaters hatte die Familie verlassen, als sein Sohn acht Jahre alt war; der Vater der Mutter musste, nachdem er aus dem Krieg zurückkam, den kleinen elterlichen Hof übernehmen, weil sein älterer Bruder im Krieg gefallen war. So war das Gebrauchtwerden und das harte Arbeiten von klein an für die Mutter und für den Vater ein zentraler Bestandteil ihres Lebens.

Frau T. wollte es beiden Eltern recht machen und setzte sich daher immer unter enormen Leistungsdruck. Als sie dann als erwachsene

Frau zusammen mit ihrem Mann eigentlich alles erreicht hatte, was sie wollte, ein eigenes Haus und eine glückliche Familie mit zwei Kindern, erkrankte sie an Brustkrebs. Nach dem ersten Schock und der üblichen medizinischen Behandlung wollte sie ihre häufigen inneren Verspannungen ablegen lernen, und sie wandte sich zu diesem Zweck ihrer eigenen Geschichte und der Geschichte ihrer Familie zu.

Was all diese tüchtigen Braven Töchter geleistet haben, das ist enorm. Sie tragen ihr eigenes Leben und das Leben ihrer Väter, ihrer Mütter, ihrer Angehörigen aus der Herkunftsfamilie, und so weiter. Bei schweren Krankheiten zeigt sich immer wieder besonders deutlich, der Preis für das Tragen ist hoch. Wenn es gelingt, mit dem, was im System der Familie wirkt, anders umzugehen, kann sich das stabilisierend auf den Heilungsprozess auswirken.

„Was ist nur los mit mir?" – der Blick auf das Symptom

Viele Frauen, die zu mir in die Praxis kommen oder in unsere Seminare, verstehen sich selbst nicht mehr. Sie fragen sich, warum ihre Paarbeziehung zerbrochen ist, haben Probleme mit einem Kind oder mit den Eltern oder leiden unter einer durch Krankheit reduzierten Lebensqualität. Häufig haben sie schon anderweitig Hilfe gesucht, ohne dass sich grundlegend etwas gebessert hätte. Bei einem Erstgespräch und zu Beginn einer Familienaufstellung in einem Seminar ist es wichtig zu erfahren, was sie an Schwerem in ihrem Lebensrucksack tragen. Das Schwere aus dem System kann bei allen und speziell auch bei Braven Töchtern die gesamte Lebensgeschichte und Lebenssituation prägen und zu verschiedensten Symptomen führen. Oft sind es Schicksale, die zu anderen Familienmitgliedern gehören und an denen schon ihre Eltern getragen haben.

Wie die systemische Therapie herausgefunden hat, drücken sich seelische Verstrickungen mit Personen aus dem Familiensystem oft in körperlichen oder seelischen Symptomen aus. Sie sind ernst zu nehmen. Doch eine ganzheitliche Betrachtungsweise verbietet den Tunnelblick darauf. Werden nur die Symptome gesehen und behandelt, dann passiert, was häufig zu erleben ist, dass Menschen von einem Arzt zum anderen wechseln. Nicht nur die Patienten, auch die Ärzte haben es schwer, denn wie sollen sie die Krankheit ganzheitlich behandeln, ohne diese lebensgeschichtlichen Zusammenhänge in den Blick zu nehmen und darauf die Therapie aufzubauen? Dafür sind sie nicht ausgebildet, und dafür werden sie nicht bezahlt.

Viele Menschen versuchen ihre Symptome psychologisch zu verstehen. Das ist leider oft eher kontraproduktiv. Wenn eine Frau bei der psychologischen Deutung des Symptoms zu dem Ergebnis kommt, dass es ihr deshalb jetzt so schlecht geht, weil ihre Mutter so lieblos oder ihr Vater so gewalttätig war, dann macht das die aktuelle Situation eher schwerer als leichter. Auch wenn sie mit dem Verstand begreift, was die Eltern zu tragen hatten, und sich dann sagt, sie konnten es nicht besser, ist dadurch keine innere Befreiung möglich von dem, was krank macht, was einengt und was hindert, den eigenen Weg zu gehen.

Mit professioneller Hilfe hinzuschauen, was in der Kindheit los war, ist ein erster Schritt. Er kann hilfreich sein, sofern dabei auch gute Gefühle ins Fließen kommen. Doch oft wurde die Kindheit als schlimm erlebt. Dann entsteht mit dem verstandesmäßigen Erkennen, wie schlimm es war, eher eine Art von Erstarrung. Um diese zu lösen, ist es notwendig – im wörtlichen Sinn – hinter die Kindheit zurück in die Tiefe des Familiensystems zu schauen und parallel zur Aufdeckung der Zusammenhänge gleich mit der Hauptarbeit zu beginnen: mit dem Achtenlernen, dem Annehmenlernen, dem Verabschiedenlernen und dem Loslassenlernen. Auf diese Arbeit werde ich in Teil 6 genauer eingehen.

Im nächsten Kapitel gibt es etwas Theorie – soviel wie unbedingt nötig. Durch das Familienstellen ist klar geworden, was in Familiensystemen in welcher Weise wirken kann, etwa was bei Mädchen dazu führen kann, dass sie sich zu Braven Töchtern entwickeln. Bert Hellinger hat wichtige Erkenntnisse zu den Wirkmechanismen in Familiensystemen formuliert, die er „Ordnungen der Liebe“ nannte. Wir haben sie in unserer eigenen Arbeit immer wieder bestätigt gefunden.

„Ich mach das für dich“ – Ordnungen der Liebe

Die drei Begriffe Bindung, Ordnung und Ausgleich beschreiben das, worum es dabei geht. Zunächst: Unsichtbare Bindungen bestimmen in Familiensystemen das Leben aller Familienmitglieder weit mehr, als uns normalerweise bewusst ist. Sie bestehen über die Generationengrenzen hinweg zwischen allen, die zum System der Familie gehören. In besonderer Weise wirken diese Bindungen zwischen Eltern und ihren Kindern.

Zweitens gilt in Familiensystemen eine bestimmte Ordnung – sie muss beachtet werden, wenn es allen Familienmitgliedern gut gehen soll. „Ordnung“ meint vor allem, dass alle, die zu einem Familiensystem gehören, auch dazugehören dürfen und im Blick sind, also auch die Toten und die in Vergessenheit geratenen und abgewerteten Mitglieder des Systems, z.B. auch die früheren Partner, früh verstorbene Kinder, ausgeschlossene Familienmitglieder u.a. Die Rangordnung bemisst sich ausschließlich nach der Reihenfolge des Eintritts ins System. Deshalb haben Eltern Vorrang vor den Kindern, und Kinder aus einer früheren Beziehung haben Vorrang vor dem neuen Partner, der neuen Partnerin.

Drittens gilt das Prinzip des Ausgleichs. Es gibt so etwas wie ein Familiengewissen, das dafür sorgt, dass früheres Unrecht ausgeglichen wird. Das geschieht etwa in der Weise, dass ein jetzt lebendes Familienmitglied ein ähnlich schlimmes Schicksal erleidet wie ein Vorgeborener, der in Vergessenheit geraten oder abgewertet worden ist. Oft übernimmt ein Mitglied der Familie Gefühle wie Wut oder Niedergeschlagenheit von jemand aus dem System, der früher gelebt hat. Auch das Empfinden, nicht dazuzugehören, ist in der Regel ein übernommenes Gefühl.

Brave Töchter sind, wie andere Menschen auch, diesen verborgenen Wirkmechanismen ausgesetzt und geben auf sie Antwort auf ihre besondere Art und Weise. Nicht nur, dass sie von klein auf für ihre Eltern mittragen. Oft lassen sie es sich auch in ihrem späteren Leben nicht gut gehen, z.B. indem sie als Tochter eines alkoholkranken Vaters einen Partner mit Suchtproblemen wählen. Oder sie werden sogar wie ihr Vater oder ihre Mutter krank. Sie „folgen ihnen nach, aus Liebe".

Manche Brave Töchter verletzen aus Liebe schon als Kinder unbewusst die in Familiensystemen geltende Ordnung. Wenn z. B. zwischen den Eltern Spannungen bestehen und die Tochter zur Bundesgenossin des Vaters wird, dann ist das eine Störung der Ordnung, für die sie sich später in irgendeiner Form selber „bestrafen" wird, z. B. durch eine unglückliche Ehe. Nach ihrem tiefsten inneren Gefühl steht ihr als Kind nicht der Platz einer Partnerin neben dem Vater zu. Angemessen wäre vielmehr die Kindposition. Und was zwischen den Eltern ist, ist deren Sache und geht das Kind nichts an. Daher ist es wichtig, um Störungen dieser Art zu vermeiden, dass die Eltern ihren Platz als Eltern ausfüllen und die Kinder Kinder bleiben.

Die in Familien wirkenden Schicksalsbindungen sind es, die unser aller Leben viel mehr bestimmen, als wir vermuten würden in einer Zeit, in der der Aspekt der persönlichen Freiheit und Unabhängigkeit betont wird. Natürlich gibt es in den verschiedenen Familien ganz unterschiedliche Ereignisse, die weit reichende Auswirkungen haben, doch ganz allgemein lässt sich feststellen: Das persönliche Glück hängt genauso wie das persönliche Unglück von vielem aus dem System der Familie ab. Dieser Gedanke ist für viele gewöhnungsbedürftig.

Teil 4: Die Brave Tochter als Ehefrau und Mutter

Wie Ihnen durch die Ausführungen in Teil 3 sicher deutlich geworden ist, sind die Erfahrungen, die ein Mensch in seiner Kindheit macht, durch schwere Ereignisse in der Geschichte seiner Familie mitbestimmt. Besonders wenn diese Ereignisse sehr schmerzlich waren und deshalb nicht über sie gesprochen wurde, wenn also das Schwere tabuisiert, abgespalten oder verdrängt wurde, kann es in vielerlei Form und Hinsicht das Leben von Kindern und Enkelkindern beeinflussen, oft ein Leben lang.

Brave Töchter sind durch ihre Kindheitserfahrungen meist darauf ausgerichtet, zu heiraten und eine Familie zu gründen. Sie möchten Liebe geben, ihrem Mann und ihren Kindern, und endlich selbst so geliebt werden, wie sie sind. Es ist dann besonders schmerzlich für sie, wenn in diesem für sie zentralen Bereich vieles nicht ihren Vorstellungen entsprechend läuft und Probleme entstehen.

Diese Probleme haben oft eine bestimmte Struktur. Sie hängt mit dem für Brave Töchter charakteristischen Miteinander, Ineinander und Gegeneinander von äußerlicher Tüchtigkeit und innerlicher Bedürftigkeit zusammen. Darum ging es schon gegen Ende von Teil 2. In diesem 4. Teil werde ich nun genauer beschreiben, wie es viele Brave Töchter „schaffen“, das, was sie sich am meisten wünschen, letztlich zu verhindern. Auf die Thematik einstimmen möchte ich Sie mit einem Märchen.

„Bettina und ihre Männer“ – ein modernes Märchen

Es war einmal ein kleines Mädchen mit Namen Bettina. Es lebte zusammen mit seiner kleinen Schwester bei Mama und Papa. Meist war

Bettina glücklich. Nur wenn Mama mal wieder mit Papa schimpfte und Papa dann nichts mehr redete, ging es ihr gar nicht gut. Dann versuchte sie, Mama zu besänftigen. Mama war aber meist so aufgebracht, dass sie Bettina gar nicht richtig wahrnahm. Papa zu trösten, das gelang ihr schon eher – schließlich war sie Papas „Große", auf die er stolz war.

Als Bettina acht Jahre alt war, trennte sich ihr Vater von der Familie. Für das kleine Mädchen brach eine Welt zusammen. Der Vater zog weit weg, und die Mutter unterband jeden Kontakt zu ihm und seiner neuen Frau. Bettina verschloss ihren Schmerz um den verlorenen Papa tief in ihrer Kinderseele. Sie spürte das Leid und die Verbitterung der Mama. So wie sie früher versucht hatte, den Papa zu trösten und aufzuheitern, kümmerte sie sich jetzt um die Mama. Jetzt wurde sie „Mamas Große" – tüchtig, pflegeleicht, zuverlässig. Wie es in ihrem Herzen aussah, wusste niemand.

Die Jahre vergingen, und die kleine Bettina wuchs zu einer jungen Frau heran. Als sie 18 Jahre alt war, verliebte sie sich in einen älteren Mann und heiratete ihn gegen den Willen ihrer Mutter. Ihr „Märchenprinz" war Mitte 30, bot ihr materielle Sicherheit und zeigte sich sehr einfühlsam. Er sagte ihr, wie sehr er sie liebe und brauche, und ließ sich gerne von ihr umsorgen. Er hatte nur einen einzigen Fehler: Gelegentlich trank er mehr, als ihm gut tat. Doch das schmälerte Bettinas Liebe zu ihm nicht – mit ihrer Liebe würde sie ihn schon von seiner Sucht erlösen…

Doch es kam anders und nahm ein schlimmes Ende: Mit all ihrer Liebe konnte Bettina ihren Mann nicht retten. Er verfiel immer mehr dem Alkohol und gab ihr die Schuld daran. Sie hatte alles für ihn getan, und er beschimpfte und demütigte sie. Ihre Ehe wurde zur Hölle. Nach 15 Ehejahren nahm Bettina ihre beiden Kinder und ging.

Bettina verfiel in eine tiefe Traurigkeit und Verzweiflung. All ihr Sorgen und Mühen hatte nichts genützt. Mit all ihrer Liebe hatte sie es nicht geschafft, dass ihre Ehe gut wurde. Sie fühlte sich zutiefst schul-

dig, sie hatte versagt. Für eine lange Zeit zog sie sich zurück und lebte ganz für ihre beiden Kinder.

Wieder zogen die Jahre ins Land. Ihre Kinder wurden erwachsen und gingen ihre eigenen Wege. Da trat ein neuer Prinz in Bettinas Leben. Paul war ein stattlicher Mittfünfziger, wie ihr erster Mann in sicheren wirtschaftlichen Verhältnissen und ebenfalls sehr einfühlsam. Er trank nicht, und er rauchte nicht. Sein aufmerksames Werben tat Bettina in der Seele wohl, und so wurde sie bald seine Frau.

Wie es der Zufall so wollte, fanden sich Ähnlichkeiten in ihrer beider Leben. Auch Pauls erste Ehe war gescheitert, und auch er war weitgehend ohne Vater aufgewachsen – sein Vater war an den Folgen einer Kriegsverletzung gestorben, als Paul fünf Jahre war. So konnten Bettina und Paul ihre leidvollen Erfahrungen miteinander teilen und sich gegenseitig trösten wie zwei verlassene Kinder.

In den ersten Jahren führten sie eine glückliche Ehe. Sie waren ganz füreinander da und schenkten einander viel Zärtlichkeit. Sie las ihm jeden Wunsch von den Augen ab, und er hörte ihr geduldig zu, wenn sie mit ihm sprechen wollte. Es war ein gutes Geben und Nehmen, und sie freuten sich aneinander.

Dann brach das Unglück auch über diese zweite Ehe herein. Paul verlor seine Arbeit, was ihm sehr zu schaffen machte. Er war dadurch mit Eigenem beschäftigt und konnte nicht mehr so für seine Frau da sein wie bisher. Das geschah zu einer Zeit, als Bettina ihrerseits besonders gefordert war – ihre alte Mutter wurde pflegebedürftig. Bettina war ganz für sie da, obwohl ihr Verhältnis nicht einfach war. Gerade jetzt hätte sie Paul besonders dringend gebraucht. Sie fühlte sich von ihm im Stich gelassen und sagte ihm das auch. Paul war verletzt und zog sich weiter zurück. Sie verstanden nicht, was mit ihrer Liebe geschehen war, und beide waren allein mit ihrem Kummer.

Zum Glück gab es in ihrem Bekanntenkreis eine weise alte Frau, der Bettina sich schließlich öffnete. Die weise Frau erklärte Bettina, dass ihre kindlichen Gefühle und Bedürfnisse machtvoll wieder hoch gekommen waren, dass sie von Paul zuviel erwartete und auch sich selbst als Ehefrau überforderte. Sie führte Bettina den schmerzvollen Weg zurück in ihre Kindheit zu ihrer kummervollen Mutter und ihrem einsamen Vater und zeigte ihr, was hinter ihnen war. Und sie lehrte sie zu unterscheiden: zwischen ihrem Vater und ihrem Mann, zwischen einer Tochter und einer Frau und zwischen einer Frau und einer Mutter.

Und so machte sich Bettina auf den weiten Weg, eine erwachsene Frau zu werden. Sie lernte, ganz Frau zu sein und ihren Mann als Mann zu nehmen. Und sie lebten noch viele Jahre glücklich miteinander, trotz aller Belastungen.

„Sei stark, aber auch schwach"– zur Partnerwahl Braver Töchter

Erfahrungsgemäß verlieben sich Brave Töchter wie Bettina in Männer, die Selbstsicherheit und Fürsorglichkeit ausstrahlen – endlich jemand, der sich wirklich für sie interessiert, sie versteht, bei dem sie sich geborgen fühlen können. Allerdings haben diese für Brave Töchter attraktiven starken Männer „zufällig" meist auch eine schwache Seite: Sie sind zugleich auch bedürftig.

Oft haben sie sich in ihrer Kindheit ebenfalls alleine gefühlt. Zum Teil sind sie Männer, die in ihrem Leben bisher nur wenig Liebe erfahren oder schon einige Enttäuschungen erlebt haben. Wie die Braven Töchter sind sie auf der Suche nach jemand, der sie endlich einmal bedingungslos liebt und wirklich versteht. Zum Teil sind sie auch „Brave Söhne", die, wie Paul im Märchen, ihre Mutter gestützt haben. Von ihrer Mutter haben sie gelernt, was eine Frau mag und braucht, besonders wenn sie einmal nicht so stark ist. Sie können zuhören und sich einfühlen, sind aufmerksam, hilfsbereit und rücksichtsvoll. Sie wirken irgendwie weich und strahlen trotzdem männliche Stärke aus. Wie einst für ihre Mutter, so wollen sie nun für ihre Partnerin da sein.

Anfangs passt alles bestens. Die Brave Tochter stellt ihre eigenen Bedürfnisse weitgehend zurück. Nichts ist ihr zuviel. Sie verwöhnt ihn, sie liest ihm jeden Wunsch von den Augen ab, sie passt sich an, nimmt ihn so, wie er ist. Sie ist glücklich, wenn sie ihn glücklich machen kann. Sie fühlt sich geliebt, weil sie von ihm viel Aufmerksamkeit und Wertschätzung erfährt. Meist gibt es zunächst auch sexuell ein gutes Miteinander – bei diesem starken, einfühlsamen Mann kann sie sich ganz fallen lassen.

Auch der Mann genießt es in der Phase der Verliebtheit, so wichtig zu sein und sich so gut verstanden zu fühlen, wie vielleicht noch nie zuvor in seinem Leben. Er fühlt sich stark. In dieser Zeit entspricht er noch gerne den Wünschen seiner Frau nach Gesprächen und liebevoller Zuwendung. Er ist der aufmerksame Kavalier, den sie sich gewünscht hat. Und er nimmt ihre guten Ratschläge dankbar an und lässt sich ihre Fürsorge mit Freude gefallen.

Die Chancen, dass eine Brave Tochter in einer solchen Beziehung auch ihre schwache Seite leben kann, scheinen auf den ersten Blick gut. Die männliche Seite des Braven Sohns signalisiert Verlässlichkeit und Stärke, er wird sie auffangen und halten. Doch zugleich scheint er mit seiner weichen, bedürftigen Seite darauf zu warten, von einer tüchtigen Frau an die Hand genommen zu werden. Sie spürt, er braucht sie, und das gibt ihr zusätzlich Sicherheit, dass er bei ihr bleiben wird. Dass er an ihr als Person Interesse hat und „einfach nur so" gerne mit ihr zusammen ist, das kann sie kaum glauben, auch wenn er es sagt.

Es geschieht daher relativ oft, dass sich Brave Töchter an Männer binden, die hinter der äußeren Stärke massive Probleme haben, wie etwa der erste Mann von Bettina, der sich als Alkoholiker erwies. Unter dem Gesichtspunkt einer unbewussten Dynamik hat diese Partnerwahl einige „Vorteile". Die Ehe mit einem solchen Mann ermöglicht Braven Töchtern zum einen, weiterhin das zu tun, was sie gut können: für einen geliebten Menschen da sein. Sie verhindert zudem, dass sich ihr sehnlichster, aber mit Angst besetzter geheimer Wunsch erfüllt: auf Dauer gehalten zu werden. Und wenn ihre Ehe misslingt, müssen sie kein schlechtes Gewissen haben: Sie machen es auch nicht besser als ihre Eltern, sie bleiben ihren Eltern treu. Wenn sie das Leid der Eltern wiederholen, indem sie unglücklich sind wie sie, fühlen sie sich weiter zugehörig zum Familiensystem mit all seinen Lasten.

Besonders wenn eine Brave Tochter ihre Kindheit als sehr schwer erlebt hat, wird sie bemüht sein, leichter zu leben, und sie ist meist auch zuversichtlich, dass ihr dies gelingen wird. Damit unterschätzt sie aber die Macht der Bindung an die Herkunftsfamilie und überschätzt zugleich ihre eigenen Möglichkeiten. Was diese Selbstüberschätzung für die Partnerschaft bedeutet, werde ich Ihnen im nächsten Kapitel erläutern.

„Das kriegen wir schon hin" – Allmachtsphantasien

In einigen Märchen wird davon berichtet, dass eine Frau auszieht, um ihren Mann aus den Fängen einer Hexe, eines Zauberers, eines Ungeheuers oder eines Feindes zu erlösen. Der Mann kann sich aus eigener Kraft nicht befreien, und auch andere Männer, die zu seiner Rettung ausgesandt wurden, scheitern. Erst seine kluge, unerschrockene Frau schafft dann das eigentlich Unmögliche.

„Was im Reich der Phantasie gelingt, muss doch auch im wirklichen Leben möglich sein", das scheint die Überzeugung mancher Braver Töchter zu sein. Wenn sie feststellen, dass der geliebte, zunächst so stark wirkende Mann handfeste Probleme hat, schreckt sie das keineswegs ab. Im Gegenteil, sie fühlen sich herausgefordert, diese Probleme mit ihm oder für ihn und zur Not auch gegen ihn zu lösen, und sind zunächst der festen Überzeugung, dass ihnen das auch gelingen wird, wenn sie sich nur genügend anstrengen. Im Grunde sind sie in dieser Hinsicht noch ein Stück weit kindlich-magischem Denken verhaftet. Wie vielen Braven Töchtern sind wir begegnet, die über Jahre, ja manchmal Jahrzehnte gegen den Alkoholmissbrauch ihres Mannes gekämpft haben, seinen vorehelichen Schuldenberg in den Griff bekommen wollten oder für ihn immer wieder neue Stellen gesucht haben, wenn er mal wieder gekündigt hatte, weil die Arbeit ihn überforderte... Oft vergehen lange leidvolle Jahre, bis eine Brave Tochter wirklich begreift, dass ihr Mann seine Probleme schon selber lösen muss und dass sie ihn mit all ihrer Liebe nicht retten kann, auch wenn sie sich aufopfert. Und trotz all dem, was sie für ihren Mann getan hat, hat sie dann meist noch mit Schuldgefühlen zu kämpfen, weil sie meint, versagt zu haben.

Zum Glück verlaufen nicht alle Ehen Braver Töchter dramatisch. Manch eine Brave Tochter heiratet einen Mann, der ganz gut mit seinem Leben zurechtkommt und nicht „gerettet" werden muss. Nur ist er bisher nicht wirklich glücklich gewesen, und die Brave Tochter möchte ihn glücklicher machen. Sie wird es schaffen, ihn schlimme frühere Erfahrungen vergessen zu lassen. Mit ihr an seiner Seite werden ihn seine beruflichen Probleme nicht mehr so belasten. Seine Schlafprobleme werden ebenso verschwinden wie seine Depressionen. Mit ihr wird alles besser.

Auch an eine weitere, ebenfalls heikle und nur selten von Erfolg gekrönte Aufgabe wagen sich viele Brave Töchter mit Schwung, Zuversicht und Ausdauer: ihren Mann in einigen „kleineren" Punkten zu ändern. „Was noch nicht ist, kann ja noch werden" – so die Antwort der meisten Frauen auf die Frage, wie sie denn mit dem umgegangen seien, was sie zu Beginn der Partnerschaft an ihrem Mann gestört habe.

Diese Überzeugung findet sich auch sonst recht häufig bei jungen Paaren, vor allem bei den Frauen. Doch Brave Töchter halten besonders lange und intensiv daran fest. Sie glauben wirklich, dass sie mit ihrer Liebe fast alles beeinflussen können, und versuchen es mit all ihrer Kraft. Sie kennen sicher selber viele solche typischen „Szenen einer Ehe": Es geht um mehr Ordnung und Sauberkeit, um weniger Fernsehen, um mehr gemeinsame Unternehmungen, um Mithelfen im Haushalt, um einen Blumenstrauß ohne Extra-Aufforderung; und es geht um Fragen wie: gemeinsames Frühstück, ja oder nein? Urlaub in den Bergen oder am Meer? Morgens gleich miteinander reden oder erst mal alleine richtig aufwachen? Er wird schon noch einsehen, dass es besser ist, so wie sie es sieht…

Mit dieser Vorstellung, so viel Einfluss nehmen zu können, überfordern sie sich selbst und ihre Partnerschaft. Auch ihre Auffassung davon, was es heißt, einander als erwachsene Menschen zu lieben, führt zu Schwierigkeiten im Ehealltag. Darum geht es im folgenden Kapitel.

„Ich will alles für dich sein, und du sollst alles für mich sein" – das Konzept von Liebe

Wenn Brave Töchter darüber sprechen, welche Vorstellungen sie ursprünglich einmal über Partnerschaft hatten, kommen Aussagen wie: „Ich wollte ganz für ihn da sein"; „er sollte zufrieden sein, das war mir die Hauptsache"; „ich wollte ihm alles geben, was er braucht". Fast klingt es so, als sei es darum gegangen, dem Mann die gute Mutter zu sein, die er nie hatte.

Andererseits äußern sie bezogen auf ihren Mann oft Erwartungen ähnlich denen, die ein Kind an seinen Vater hat: Er soll geduldig und gerecht sein; er soll fragen, was sie gemacht hat und wie es ihr geht; er soll Zeit für sie haben, wenn sie ihm etwas erzählen oder etwas mit ihm unternehmen möchte; er soll sie verstehen und wissen, was sie braucht, möglichst ohne viele Worte; er soll sie im Blick haben und immer für sie da sein.

Solche Aussagen bedeuten in der letzten Konsequenz, dass sich viele Brave Töchter eine symbiotische Partnerschaft wünschen, vergleichbar der Beziehung eines Kleinkindes zu seinen Eltern. Weitere Personen sind in dieser Beziehung eigentlich überflüssig, sie stören nur die Zweisamkeit. Alle ihre Bedürfnisse sollen möglichst von ihrem Mann erfüllt werden, wie von einem guten Vater, und sie möchten alle seine Bedürfnisse erfüllen wie eine gute Mutter. Viel Zeit zu zweit zu verbringen, viel zusammen zu machen und über alles miteinander zu sprechen, das sind ihre Wunschvorstellungen.

Wenn ihr Partner etwas mehr Distanz, etwas mehr „Luft zum Atmen" möchte, bekommt manch eine Brave Tochter ganz schnell Angst, dass mit der Beziehung etwas nicht mehr stimmt, ja, dass ihr Mann sie nicht mehr liebt und sie verlassen könnte. Ihr Bedürfnis, sich der Liebe ihres Mannes zu vergewissern, erlebt dieser dann vielfach als Klammern. Er zieht sich noch weiter zurück, was ihre Ängste verstärkt und erneutes Klammern auslöst – ein geringfügiger Anlass kann eine anstrengende Dynamik in Gang setzen:

In einer meiner Paarberatungen ging es immer wieder um das Thema Eifersucht in verschiedenen Formen. Der Mann hatte mit einer Kollegin, der er zufällig in der Stadt begegnete, einen Cappuccino getrunken, und seine Frau hatte ihm deshalb eine Szene gemacht. Wieso war er nicht heim gekommen zum Kaffeetrinken, wenn er schon Zeit hatte? Die Eifersucht seiner Frau richtete sich auch auf seine alten Freunde, auf seine Verwandtschaft, auf seine Hobbys – sie war beunruhigt und gekränkt, wie viel Zeit er offenbar lieber mit anderen verbrachte. Sogar längere Telefonate konnten bei ihr eine Eifersuchtsreaktion hervorrufen. Besonders wenn sie nicht wusste, mit wem er sprach, und sie sich keinen Reim auf das Mitgehörte machen konnte, fühlte sie sich schnell unsicher und ausgeschlossen.

Noch in einem weiteren Punkt erinnern die Ehen Braver Töchter vielfach an Eltern-Kind-Beziehungen: Das Thema „Brauchen" spielt bei sehr vielen Braven Töchtern bewusst oder auch unbewusst eine große Rolle. Sie möchten von ihrem Mann gebraucht werden, und sie selbst brauchen ihren Mann. Normalerweise brauchen Erwachsene einen anderen Menschen nicht mehr in einem solchen Ausmaß – „Brauchen", das betrifft vor allem Kinder in Bezug auf ihre Eltern. Wenn sie als Kinder genug von ihren Eltern bekommen haben, wenn sie „satt" geworden sind, ist „Brauchen" für sie als Erwachsene kein so zentrales Thema mehr. Sie sind dann nicht in erster Linie erwartungsvoll und fürsorglich aufeinander ausgerichtet, sondern blicken miteinander in dieselbe Richtung auf ein gemeinsames Ziel, im Bewusstsein, dass der andere für sich selber steht. Sie freuen sich aneinander, aber lassen einander Raum und haben nicht den Anspruch, alles füreinander zu sein.

Demgegenüber stehen die Beziehungen Braver Töchter, zugespitzt formuliert, oft unter so etwas wie einem Ausschließlichkeitsanspruch. Alles, was sie selber braucht, erwartet sie von ihrem Partner, und er seinerseits soll alles nehmen, was sie ihm geben will, und zwar sofort und ohne Wenn und Aber. Zudem soll er ausschließlich von ihr nehmen, nicht etwa auch noch von anderen Menschen. Dass dieser Ausschließlichkeitsanspruch das gemeinsame Leben auf Dauer sehr anstrengend macht und manchmal eine Beziehung sprengen kann, liegt auf der Hand.

„So habe ich mir das nicht vorgestellt" – Ernüchterung im Ehealltag

In Partnerschaften Braver Töchter folgt, wie bei anderen Partnerschaften auch, auf die Zeit der ersten Verliebtheit eine eher schwierige Phase, in der sich oft entscheidet, ob ein Paar zusammen bleibt. Schwächen und Fehler des anderen kommen in den Blick, die anfänglichen Idealisierungen lassen sich nicht mehr aufrecht halten, etwa dass der andere immer gerecht, verständnisvoll und freundlich ist. Wenn es gut weitergehen soll, muss sich das Paar dieser neu erkannten Wirklichkeit stellen und eine realistischere Sicht des anderen zulassen. Dem Partner mit seinen Schattenseiten zuzustimmen, das ist dann möglich, wenn Hoffnungen und Wünsche an den anderen nicht in kindlicher Weise riesengroß sind. Wenn jedoch an einer idealisierten Vorstellung von Partnerschaft festgehalten wird, geht das Paar entweder auseinander – in der Meinung, es war einfach nicht der oder die „Richtige"; oder aber das Zusammenleben wird sehr anstrengend, weil aufrecht erhaltenes Ideal und Wirklichkeit auseinanderklaffen.

Bedingt durch ihre Überzeugung, das, was nicht gut ist, werde sie schon im Lauf der Zeit richten, hält eine Brave Tochter meist an dem einmal erwählten Mann fest, obwohl sie zunehmend Enttäuschungen schlucken muss. Oft bekommt sie immer weniger das, was sie sich wünscht und was sie „braucht". Ihr Mann hat sie weniger im Blick, er hat nicht mehr so viel Zeit für sie und redet mit ihr nicht mehr so viel wie früher. Sie fühlt sich bisweilen sogar vernachlässigt.

Frau F. erlebt immer wieder, dass ihr Mann, der sein Büro im Haus hat, nicht an die vorher abgesprochenen Teepausen denkt. Manchmal kommt er erst später hoch, manchmal muss sie ihn holen. Wenn sie dann etwas sagt, reagiert er meist ärgerlich. Oft denkt sie an die schönen Teepausen am Anfang ihrer Ehe, da war er nie so gestresst und hatte immer Zeit für sie, und beim Teetrinken konnte sie mit ihm über alles reden, was sie beschäftigte.

Zudem erreicht ihn das, was sie tut und wie sie es tut, offenbar nicht mehr. Manches ist ihm zu viel, manches hält er für unnötig. Jedenfalls wehrt er immer häufiger ihre Fürsorge ab und kritisiert ihre „Aktionen“, was für eine Brave Tochter schwer auszuhalten ist:

Der Mann von Frau F. hat viele Geschwister, die zu den üblichen Anlässen Grußkarten schicken. Um die Beantwortung der Post – auch seiner Geburtstagspost – und um entsprechende Grüße „in Gegenrichtung“ kümmert sich natürlich Frau F., da ihr Mann so viel zu tun hat und ihm „so etwas“ auch nicht so wichtig ist. Außerdem ist sie es, die Geschenke besorgt und gegenseitige Besuche vereinbart und organisiert. Manchmal reagiert ihr Mann ziemlich unwillig, wenn sie einen Besuchstermin ausgemacht hat: „Muss das wirklich schon wieder sein?“ Dabei könnte er doch wirklich froh sein, dass sie ihm so vieles abnimmt! Und sie meint es doch nur gut!

Frau F. ist zunehmend enttäuscht darüber, wie sich ihr Mann verhält. Er hat sich in für sie unerklärlicher Weise verändert – „eigentlich“ ist er doch ganz anders... Nicht nur, dass er das, was sie für ihn tut, in Frage stellt. Wenn er seinerseits dann einmal etwas für sie tut, was ihrer Meinung nach ja wirklich selten genug vorkommt, missachtet er auch noch ihre Wünsche. Ein Beispiel:

Frau F. hat ihrem Mann wiederholt gebeten, ein Stück Rasen umzugraben, weil sie dort ein Blumenbeet anlegen möchte. Nachdem sie von einem Wochenende bei ihrer kranken Mutter zurückkommt, hat ihr Mann ihre Bitte tatsächlich erfüllt, und zudem hat er schon eine ganze Menge Stauden gekauft. Das Beet ist allerdings viel größer ge-

worden und hat auch eine andere Form, als sie sich das vorgestellt und ihrem Mann auch mehrmals erklärt hatte. Außerdem hatte sie sich die Bepflanzung anders vorgestellt, und dass die Stauden nun schon da sind und bald in die Erde sollten, passt ihr zeitlich gar nicht gut. Er versteht nicht, dass sich ihre Begeisterung für sein Werk in Grenzen hält. Mit einem beleidigten: „Dir kann man es aber auch nie recht machen!“ zieht er sich in sein Büro zurück.

In besonderem Maße zurückgewiesen fühlt sich eine Brave Tochter, wenn sie ihrem Mann einmal ausdrücklich zu verstehen gibt, dass sie ihn braucht – und er hat keine Zeit oder offenbar keine Lust, sich ihr zu widmen. Dass sich eine Brave Tochter überhaupt bedürftig zeigt, geschieht ja selten genug. Wenn ihr Mann sie dann nicht auffängt, ist die Enttäuschung tief gehend und schwer zu verkraften. Oft bleibt eine Verletzung, die die ganze Ehe überschattet und sich noch Jahre später in Vorwürfen ausdrückt: „Damals hätte ich dich gebraucht, und du warst nicht da“.

So erzählte mir kürzlich eine ältere Bekannte, dass sie sich ziemlich am Anfang ihrer Ehe von ihrem Mann sehr alleingelassen gefühlt habe, als sie plötzlich zu einer unerwarteten Operation ins Krankenhaus musste. Ihr Mann hatte zu jener Zeit seinen ersten mehrwöchigen Auslandseinsatz in seinem neuen Job und konnte erst ein paar Tage nach der Operation nach Hause kommen. Seine Frau fühlte sich von ihm im Stich gelassen und hatte ihm das erst kürzlich bei einem Streit wieder vorgeworfen.

Dieser Fall verdeutlicht, was ich immer wieder in Eheberatungen erlebe: Noch Jahre, manchmal Jahrzehnte nach einem solchen für die Frau fast traumatischen Vorfall brechen alte Wunden auf. Für die Frau sind sie noch schmerzhaft und frisch wie von gestern, und ihr Mann kann sich nur mühsam oder gar nicht mehr an die damalige Situation erinnern, in der er seine Frau unbeabsichtigt so verletzt haben soll. Das wiederum findet die Frau ungeheuerlich, es verletzt sie wieder aufs Neue, und ihr Mann begreift wieder nicht, was er „verbrochen“ hat.

Nicht nur für Brave Töchter selber, sondern auch für ihre Partner wird das gemeinsame Leben also oft anstrengend. Völlig unerwartete Schwierigkeiten stellen sich ein, Unzufriedenheit und Enttäuschung breiten sich aus – was ist bloß aus ihrer Liebe geworden? Haben sie doch nicht zueinander gepasst, wie manche ja schon gleich gesagt haben? Doch, sie haben zueinander gepasst, vor allem auf der unbewussten Ebene, wie der Schlüssel zum Schloss oder wie zwei Teile eines Puzzles – ich erinnere an das Kapitel Partnerwahl. Doch die verdrängten Anteile lassen sich nicht auf Dauer unterdrücken und „stören" irgendwann ganz massiv.

Besonders schwerwiegend wirkt sich diese „Rückkehr des Verdrängten" erfahrungsgemäß im sexuellen Miteinander aus. Darauf möchte ich nun noch gesondert eingehen.

„Hauptsache, es geht dir gut" – auch im Bett

Von dem Wunsch einer Braven Tochter, umfassend für ihren Mann da zu sein, ist auch der wichtige Bereich der Sexualität nicht ausgeklammert, und auch hier erwartet sie ihrerseits sehr viel von ihm. Damit ist das Spannungsfeld abgesteckt, in dem sich die Sexualität in den Partnerschaften vieler Braver Töchter entfaltet. Oft allerdings entfaltet sie sich auch nicht, jedenfalls nicht in der von beiden erwarteten Weise. Das liegt natürlich nicht nur an der Braven Tochter. Oft steuert der Mann, wie auch bei sonstigen Problemen in der Partnerschaft, seinen Teil auf Grund seiner eigenen Thematik dazu bei.

Wenn sich ein Mann und eine Frau wirklich aufeinander einlassen, dann zeigen sie sich bei sexuellen Begegnungen in hohem Maße ungeschützt. Das ruft bei vielen Ängste hervor, lässt vielleicht Erinnerungen an alte Verletzungen hochkommen. So auch bei vielen Braven Töchtern. In ihrem bisherigen Leben hatten sie ja noch nicht viel Gelegenheit, positive Erfahrungen zu machen, wenn sie sich zeigten, wie sie waren. Was wird auf sie zukommen, wenn sie ihre Kontrolle aufgeben und sich fallen lassen? Andererseits: Wann denn sonst soll sich ihre tiefe Sehnsucht nach Gehaltenwerden erfüllen, wenn nicht jetzt mit dem geliebten Mann?

In der Phase der Verliebtheit sind gewöhnlich heftige Gefühle im Spiel. Die Chancen stehen dann recht gut, dass ein Mensch das Risiko eingeht, sich so zu zeigen, wie er ist – mit der Hoffnung, nicht verletzt oder zurückgestoßen, sondern gehalten und angenommen zu werden. In dieser Phase sind viele Erfahrungen möglich, die noch nie möglich waren und so leicht auch nicht wieder möglich sein werden.

Frau P., deren Tagesablauf Sie zu Beginn des 2. Teils schon kennen gelernt haben, kam im Lauf der Beratung auch auf das Thema Sexualität zu sprechen. Die von ihr geschilderte Entwicklung scheint mir recht typisch für die Ehen Braver Töchter zu sein:

In den ersten Jahren ihrer Beziehung, bevor ihre Tochter geboren wurde, erlebte sie die Sexualität mit ihrem Mann als etwas Schönes, auch wenn nicht immer alles problemlos ging und einige ihrer Erwartungen sich nicht erfüllten. Was noch nicht gut war, würde schon noch gut werden, davon war sie überzeugt. Sie fühlte sich geliebt und sicher. Sie hatte sich allerdings auch da schon so ihre Gedanken gemacht, ob ihr Mann wohl zufrieden mit ihr war und alles bekam, was er erwartete und brauchte und ob sie auch alles richtig machte – ihr Mann war ihre erste feste Beziehung. „Durfte" sie sich von ihrem Mann verwöhnen lassen und ihm auch sagen, was für sie im Einzelnen schön war? Und war es in Ordnung, dass sie manchmal Lust auf Sex hatte und etwas von ihm „wollte", auch wenn er müde war? Musste sie sich eigentlich nicht immer nach seinen Bedürfnissen richten? Über ihre Gedanken und Wünsche mit ihrem Mann zu sprechen, „ging" nicht, und er sagte ebenfalls nichts.

Nach der Geburt ihrer Tochter wurde es allmählich schwieriger im Bett. Sie war oft müde nach anstrengenden Tagen mit dem Baby und nach Nächten, in denen sie nicht durchschlafen konnte, und sie hätte von ihrem Mann mehr Verständnis und Unterstützung in der neuen Familiensituation gebraucht. Auch eine liebevolle Umarmung zwi-

schendurch „nur so“ hätte sie sich öfter gewünscht. Sie hatte weniger Lust, mit ihrem Mann zu schlafen. Sie fühlte sich nicht mehr so gut von ihm gehalten wie früher und hatte Schwierigkeiten, zum Höhepunkt zu kommen. Oft empfand sie Druck, weil es ihm ihrem Eindruck nach schwer fiel, das zu akzeptieren. Er sagte zwar, es sei alles in Ordnung, aber sie konnte ihm das kaum glauben. Jedenfalls wurden ihre sexuellen Begegnungen weniger und nahmen eher den Charakter von Pflichtveranstaltungen an, in Häufigkeit und Verlauf ziemlich vorhersehbar. Es gab deswegen keine großen Konflikte, aber gut war es ihrem Empfinden nach auch nicht.

Für Brave Töchter ist es besonders schwierig, bei Problemen in diesem Bereich gelassen zu bleiben, weil ihr Selbstwertgefühl als Frau oft „wackelig“ ist. Sie können meist schlecht einschätzen, wer welche Anteile hat, und übernehmen entweder zu viel oder zu wenig Verantwortung. Liegt es daran, dass sie falsche Vorstellungen haben und alles so kompliziert machen? Oder verhält sich ihr Mann ganz „normal“, sind alle Männer so?

Die Lösungsversuche Braver Töchter reichen von „ehelicher Pflichterfüllung“ bis zur völligen Verweigerung. Auf Dauer überfordern sie sich aber mit jeder dieser Strategien. Der innere Druck äußert sich dann häufig in einer unterschwelligen Gereiztheit und unvermittelten Aggressivität – der Mann versteht nicht, was eigentlich los ist, und seine Frau ärgert sich, dass er wieder einmal nichts begreift.

Sexualität ist eine zentrale Dimension im Miteinander von Mann und Frau. Wird sie vernachlässigt, kommt etwas Wesentliches zu kurz. Besonders wenn nicht über die Probleme gesprochen wird, können sie in der Tiefe die Partnerschaft „unterminieren“. Doch Gespräche in diesem Bereich sind erfahrungsgemäß besonders schwierig, und Miteinanderreden, das ist ja sowieso ein eigenes Kapitel…

„Das Paar im Gespräch" – oder auch nicht

Ein Bereich, der wie die Sexualität erwiesenermaßen ganz wesentlich für eine lebendige Partnerschaft ist und in dem zu Anfang einer Beziehung ebenfalls vieles noch wie von selbst läuft, ist das Gespräch. Im Lauf der Zeit kehrt der Alltag ein. Die Gespräche werden seltener. Zuhören und Sprechen wird anstrengend, vor allem wenn es zunehmend um eher unerfreuliche Dinge wie Konflikte oder Kränkungen geht.

Meist sind es die Frauen, die immer wieder versuchen, mit ihrem Mann ins Gespräch zu kommen. Ihr Bedürfnis, sich auszutauschen, ist nun mal größer als das vieler Männer, und wenn es schwierig oder gar unmöglich wird, mit ihrem Mann über Wichtiges zu sprechen, leiden sie besonders stark. Möglicherweise spüren sie auch mehr als die meisten Männer, dass etwas ganz Wesentliches verloren geht, wenn sie als Paar nicht mehr miteinander sprechen. Ihre oft beharrlichen Bemühungen zur Wiederbelebung der Gespräche auf Paarebene sind im Grunde sehr wichtig und verdienstvoll.

Viele der von Braven Töchtern angestoßenen Gespräche verlaufen allerdings unbefriedigend für beide Seiten. Oft geht es immer wieder um die gleichen Themen; es gibt ermüdende Diskussionen, die ergebnislos enden oder sogar im Streit. Es kommt nicht zu einem entspannten Austausch über das, was jeden gerade beschäftigt und worin er verstanden werden will. Beide fühlen sich innerlich allein. Häufig verlaufen die Gespräche in einer Form, wie sie mir eine Seminarteilnehmerin anschaulich schilderte:

Immer sei sie es, die die Initiative ergreifen müsse, wenn es etwas zu besprechen gebe. Inzwischen würde sie ja vieles gleich selber regeln, weil ihr Mann angeblich nie Zeit habe. In Wirklichkeit sei es ihm aber einfach lästig, sich Gedanken zu machen. Sie fühle sich oft von ihm allein gelassen. Von sich aus käme er nie auf sie zu. Da müsse er sich nicht wundern, wenn sie ihm manchmal auch ein Gespräch „reindrücke", was er ihr dann wiederum vorwerfe. Doch wann solle sie denn mit ihm reden? Wirklich passen tue es ihm nie!

Wenn er dann schließlich doch einmal bereit sei, sich mit einer Frage zu beschäftigen, seien seine Vorschläge meist so unrealistisch und wenig durchdacht, dass er sich nicht wundern müsse, wenn sie diese sofort zurückweise. Er reagiere dann oft sauer, warum sie ihn denn dann überhaupt frage, wenn sie sowieso alles besser wisse und alles nach ihren Vorstellungen gehen müsse, und schon hätten sie wieder Streit. Über wirklich wichtige Dinge würden sie schon lange nicht mehr miteinander reden. Vieles, worüber sie gerne mit ihm reden würde, interessiere ihn überhaupt nicht. Und außerdem hätten sie in vielem doch sehr unterschiedliche Auffassungen, und ihr Mann wäre halt von seiner Meinung kaum abzubringen. Er allerdings würde sagen, mit ihr könne man ja nicht vernünftig reden, sie ließe sich überhaupt nichts sagen.

Wenn Gespräche so sinnlos und kontrovers erlebt werden, wundert es nicht, dass sie immer seltener stattfinden. Der Mann entzieht sich zunehmend den Gesprächswünschen seiner Frau. Diese aber will nicht so schnell aufgeben. Sie startet immer wieder neue Versuche. Das Schweigen und Ausklammern hält sie kaum aus – irgendwann muss ihr Mann doch verstehen, dass sie manches miteinander regeln müssen, dass sie sich vieles dazu schon genau überlegt hat und dass sie ihm nichts Böses will. Oft versucht sie auch, aus den Erfahrungen der bisherigen Gespräche zu lernen und einiges anders zu machen, etwa seine Ideen nicht gleich für unbrauchbar zu erklären. Doch trotzdem gerät manche Brave Tochter immer mehr in die Rolle der fordernden und bestimmenden Mutter und ihr Mann in die Rolle des trotzigen, sich entziehenden Kindes. Von einer Partnerschaft „in Augenhöhe" kann dann nicht mehr die Rede sein.

Wenn das Paar nicht mehr miteinander sprechen kann und es dazu noch Unzufriedenheit im sexuellen Bereich gibt, wie im letzten Kapitel beschrieben, ist die Ehe in hohem Maße gefährdet. Männer arrangieren sich erfahrungsgemäß lange Zeit und halten viele Konflikte aus, besonders wenn sie Angst haben, sie könnten ihr Leben nicht alleine meistern. Doch wenn es sich dann ergibt, dass sich eine andere Frau für sie interessiert, sehen sie eine Alternative, und meist nehmen sie auch erstmals in aller Deutlichkeit wahr, was alles in ihrer Ehe für sie unbefriedigend läuft. Besonders wenn ein Mann den Eindruck gewinnt, die andere Frau lasse ihn „wirklich" so sein und gelten, wie er ist, wird er gehen. Seine Frau bleibt dann häufig fassungslos und verbittert zurück – er verlässt sie, obwohl sie so viel für ihn getan hat. Die Lebenskrise ist da.

Auch Brave Töchter selber können in eine vergleichbare Situation kommen. Sie spüren plötzlich, wie sehr ihre unerfüllte Sexualität sie belastet und wie sehr ihnen das partnerschaftliche Gespräch fehlt, und entscheiden sich zu gehen, auch wenn sie sich das vorher nie hätten vorstellen können. Das hängt vor allem damit zusammen, dass ihr größter geheimer Wunsch, sich fallen lassen zu können und „wirklich" verstanden zu werden, letztlich unerfüllt geblieben ist, und sie hoffen, dies möge mit dem neuen Mann gelingen.

Allerdings wiederholt sich das Drama, wie im Märchen von Bettina und ihren Männern, dann häufig in einer neuen Partnerschaft. Oft – und nicht nur bei Braven Töchtern – braucht es viele leidvolle Wiederholungen, bis klar wird, dass kein Weg daran vorbei führt, den Blick auf die eigenen Anteile zu richten und sich weiter zu entwickeln.

„Mama, du nervst!"– wenn Kinder in die Pubertät kommen

„Mama, du nervst!" – „Mama, nicht schon wieder!" – „Ach Mama, das verstehst du nicht!" „Du immer mit Deinen Bedenken! Ich bin doch kein kleines Kind mehr!" So oder ähnlich tönt es in vielen Familien Braver Töchter, wenn die Kinder den Kinderschuhen allmählich entwachsen. Mit der Pubertät ist eine neue Zeit angebrochen. Kinder, die bisher pflegeleicht, unauffällig und umgänglich waren, werden schwierig. Bisher hatten sie sich die Fürsorge und Zuwendung ihrer Mutter meist gerne gefallen lassen und die damit verbundene Kontrolle einfach hingenommen – so war das Leben bei ihnen daheim nun mal geregelt. Und es war normal für sie, viele Fragen der Mutter zu beantworten und ihr zu sagen, was sie vorhatten.

Doch mit der Pubertät der Kinder verändert sich das Familienklima oft deutlich – ich erinnere an die Beispiele von Konflikten im Alltag im Kapitel: „Ich weiß, was für euch gut ist". Die bisher meist leicht zu lenkenden „lieben" Kinder reagieren gelangweilt oder genervt auf Fragen, was sie gemacht haben oder was sie gerade planen. Sie fühlen sich kontrolliert und bevormundet. Häufiger als bisher weisen sie die fürsorglichen Vorschläge der Mutter zurück. Sie haben inzwischen andere Bedürfnisse und Fähigkeiten entwickelt, und ihre Mutter scheint es nicht zu bemerken oder kann es nicht glauben:

Die 13-jährige Tochter von Frau H. müsste, wenn die Schule mittwochs nach der 7. Stunde aus ist, eine knappe Stunde auf ihren Bus in das abgelegene Dorf warten, in dem die Familie wohnt. Frau H. holt sie dann regelmäßig mit dem Auto ab, obwohl es einen Aufenthaltsraum in der Schule gibt. Dort warten auch andere Jugendliche, und ihre Tochter findet es eigentlich ganz lustig, noch mit den anderen zusammen Zeit zu verbringen. Frau H. meint, sie müsse doch müde sein, und lässt sich nicht von ihrem gut gemeinten Fahrdienst abbringen, trotz aller Diskussionen – ihre Tochter war doch bisher immer so froh, wenn sie abgeholt wurde...

Viele Brave Töchter leiden sehr unter dem nun vielfach weniger harmonischen und weniger engen familiären Miteinander. Manche reagieren empfindlich oder sogar gekränkt auf die Wünsche ihrer Kinder nach mehr Eigenständigkeit. Sie fühlen sich nicht mehr so wichtig und geliebt, weil sie nicht mehr so gebraucht werden – im Verhältnis zu den Kindern entsteht eine ähnliche Dynamik, wie sie immer wieder auf Paarebene zu beobachten ist. Ausgesprochene und unausgesprochene Vorwürfe machen die Kommunikation oft unerfreulich.

Die Kinder verstehen natürlich nicht, warum ihre Mutter so reagiert, und versuchen ihrerseits, irgendwie damit klarzukommen. Die einen gehen auf Konfrontationskurs und setzen sich auch immer wieder durch. Andere fühlen sich verpflichtet, Rücksicht auf die Mutter zu nehmen, entgegen ihren altersgemäßen Ablösetendenzen. Sie verzichten auf viele Wünsche und bleiben weiter „brav". Innerlich jedoch reagieren viele dann mit Rückzug, Abgrenzung und auch Resignation:

Frau U. möchte, so lange es eben geht, Familientraditionen aufrechterhalten. Besonders der gemeinsame Sommerurlaub in den Bergen zusammen mit ihrem Mann und den drei Kindern ist ihr wichtig. Die älteste Tochter will eigentlich viel lieber mit ihrer Clique ans Meer, und die mittlere möchte mit dem Jugendwerk auf eine Freizeit. Es gibt erbitterte Diskussionen. Frau U. meint, dann könne man ja gleich zu Hause bleiben, sie selber müsse nicht unbedingt in Urlaub... Irgendwann lassen die Töchter dann das Thema fallen und geben nach, sie wollen ja keine unzufriedene, leidende Mutter.

Es kann bisweilen schon ziemlich „hoch hergehen" in den Familien Braver Töchter, besonders zwischen Töchtern und Müttern; zu Söhnen hin ist es oft leichter. Für Mädchen in der Pubertät entwickeln sich Kleinigkeiten zum Drama, sie sind schnell verunsichert, beleidigt und verletzt, und manchmal stehen ihnen ihre Mütter nicht nach, was die Heftigkeit der Gefühle und Reaktionen betrifft, wie wenn sie nochmals in ihre eigene Pubertät zurückfallen würden.

„Mutter bleibt man ein Leben lang" – von der Schwierigkeit, die Kinder loszulassen

Auch im Verhältnis zu den Kindern zeigt sich natürlich, dass Brave Töchter sehr verschieden sind. Die Bandbreite von Gefühlen und Verhaltensweisen ist sehr groß. Es gibt Brave Töchter, die es recht gut schaffen, sich zunehmend weniger als liebevolle „Glucke" zu verhalten, wenn die Küken selbstständiger werden. In kluger Weise dosieren sie ihre Fürsorge, so dass sich die Kinder bei ihrem Erwachsenwerden nicht zu sehr gestört fühlen, auch wenn viele innerlich der schönen Zeit nachtrauern, in denen ihre Kinder sie noch mehr brauchten.

Nach meiner Erfahrung ist es für die meisten Braven Töchter eine besondere Herausforderung, ihre Kinder in Frieden ziehen zu lassen, wenn sie flügge werden und schließlich das Nest verlassen. Sie wissen natürlich, dass dies der Lauf der Dinge ist, und parallel zu dem Bedauern darüber gibt es bei ihnen durchaus auch Gefühle der Erleichterung, wenn sie als Mutter nicht mehr so sehr beansprucht werden. Doch tief innen ist vielen mehr zumute wie der Mutter von Hänschen in dem bekannten Kinderlied: „Hänschen klein geht allein in die weite Welt hinein … und die Mama weinet sehr, hat ja nun kein Hänschen mehr".

Viele Brave Töchter möchten ihre Kinder, auch wenn sie erwachsen sind, weiter mit ihrer Fürsorge begleiten. Sie „ganz" loszulassen fällt ihnen schwer, und viele würden das auch nicht wollen, weil sie es nicht für angemessen halten. Es ist für sie selbstverständlich, telefonisch oder persönlich engen Kontakt zu halten und auf diese Weise weiter teilzunehmen am Leben ihrer Kinder. Sie freuen sich, wenn sie sich noch nützlich machen können, mit praktischen Hilfsaktionen, etwa als Oma, oder als „Beraterin". Und ihre Gedanken kreisen wie früher darum, wie es ihren Lieben wohl geht. Manche übernehmen weiter sehr viel Verantwortung und sind jederzeit bereit, eigene Pläne umzustoßen, wenn ihre Kinder sie brauchen.

Für manche ist es schwer zu verkraften, wenn Signale kommen: „Mama, wir kommen schon alleine zurecht!" Sie erleben es so, wie wenn sie abserviert würden, wie wenn ihnen etwas weggenommen würde, auf das sie ein Leben lang ein Anrecht haben. Manche werden sogar bitter – so viel haben sie für ihre Kinder getan, und jetzt schließen diese sie nach ihrem Empfinden weitgehend aus ihrem Leben aus.

Wir haben es aber auch immer wieder mit Braven Töchtern zu tun, die von ihren schon erwachsenen Kindern festgehalten zu werden scheinen, obwohl sie diese in die Selbständigkeit entlassen wollen. Die zugrunde liegende Dynamik geht aber in die andere Richtung: In Wirklichkeit geben auch diese Mütter ihre Kinder nicht frei. Sie sind sogar extrem auf die Liebe ihrer Kinder angewiesen als Ausgleich dafür, dass sie selber von ihren Eltern zu wenig Liebe gespürt haben.

Besonders dann, wenn nicht die Liebe des Partners als Ersatz für die Liebe der Eltern dienen kann, können Kinder von der bedürftigen Mutter innerlich festgehalten werden. Manche „rächen" sich dann dafür, dass sie so „benutzt" werden: Sie nutzen ihre Mütter aus, und die Mütter schaffen es einfach nicht, Grenzen zu setzen. Die Kinder fordern, und die Mutter gibt, obwohl es eigentlich über ihre Kräfte oder auch finanziellen Möglichkeiten geht. Ein Beispiel:

Frau Sp., eine 40-jährige Hauswirtschafterin, selber Scheidungskind, seit 12 Jahren geschieden, schafft es nicht, ihrer 22-jährigen Tochter klare Grenzen zu setzen. Diese studiert außerhalb und kommt mit ihrem Geld nicht aus. Frau Sp. bezahlt immer wieder die Schulden ihrer Tochter, obwohl sie selber nicht viel verdient. Wenn die Tochter am Wochenende daheim ist, erwartet sie, dass ihre Mutter sie von vorn bis hinter bedient, und betrachtet sie als ihre persönliche Chauffeurin. Wenn Frau Sp. eine der vielen Forderungen ihrer Tochter ablehnt, macht ihre Tochter ihr ein schlechtes Gewissen: sie sei keine gute Mutter. Und dann wird Frau Sp. wieder weich, sie will die Liebe ihres Kindes nicht aufs Spiel setzen.

Auch wenn solche extremen Fälle eher die Ausnahme sind: Viele Brave Töchter erhoffen sich unbewusst nicht nur von ihrem Mann, sondern auch von ihren Kindern, und zwar ihr ganzes Leben lang, was sie selbst von ihren Eltern nicht bekommen haben. Partner wie Kinder sind aber dafür nicht zuständig und damit überfordert, und so entstehen viele der beschriebenen Verwicklungen. Doch Auswege sind möglich. Es muss nicht so bleiben, wie es ist.

Teil 5: Selbsthilfe

Wie Sie sehen konnten, führen Brave Töchter einerseits ein sehr erfülltes Leben, auf der anderen Seite entstehen durch ihr großes Engagement ganz spezielle Probleme: Sie überfordern sich oft selbst, und die Beziehungen zu anderen Menschen können schwierig werden.

In diesem Teil geht es nun um mögliche Auswege aus Stress und Überforderung. Was können Brave Töchter selber tun, wenn sie nicht mehr so weitermachen wollen oder können wie bisher? Mit meinen Überlegungen zu dieser Frage möchte ich mich jetzt ausdrücklich und direkt an die Braven Töchter unter unseren Leserinnen wenden.

Wenn Sie das Buch bis hierher gelesen haben, konnten Sie sich vermutlich in einigen der von uns angeführten Beispiele wiederfinden. Wir hoffen, Sie haben sich als Brave Tochter verstanden gefühlt, mit Ihren Stärken und mit Ihren Schwächen. Wir hoffen auch, Sie konnten ansatzweise erkennen, wie Ihr Denken, Fühlen und Verhalten als Brave Tochter mit Ihrer Kindheit und mit Ereignissen aus der Geschichte Ihrer Familie zusammenhängt. Damit hätte unser Buch schon eine seiner Aufgaben erfüllt. Oft fühlt sich etwas schon dadurch leichter an, dass Hintergründe von Problemen erkennbar werden und begreiflich wird, warum etwas ist, wie es ist.

Doch besonders dann, wenn Sie sehr mit den Schattenseiten Ihres Brave-Tochter-Seins zu kämpfen haben, werden Sie auch etwas ändern wollen und dabei Hilfestellung erwarten. Vermutlich ist Ihnen klar geworden, dass der Blick auf andere Menschen und deren Verhalten nicht wirklich weiterführt, sondern dass Sie bei sich selber ansetzen müssen.

In diesem Selbsthilfe-Teil wird es also hauptsächlich darum gehen, wie Sie sich so weiterentwickeln können, dass Ihr Leben leichter wird und Sie sich freier und glücklicher fühlen. Ich möchte Sie an den guten Erfahrungen teilhaben lassen, die andere (und auch ich selbst) auf ihrem Weg zu mehr innerer Unabhängigkeit, Gelassenheit und Selbstsicherheit gemacht haben.

Was ich in diesem Selbsthilfe-Teil nicht tun werde, ist, Ihnen Rezepte zu liefern, die dann einfach bei sachgemäßer Anwendung zu den gewünschten Resultaten führen. Menschen sind verschieden, ebenso ihre Lebenssituation und auch ihr Problemlöseverhalten. Deshalb kann ich Ihnen nur Anregungen anbieten, die Sie prüfen und aus denen Sie auswählen können, was Ihnen einleuchtet, was zu Ihnen und Ihrer Lebenssituation passt und was Ihnen Erfolg versprechend erscheint.

Wenn Sie darangehen, die Anregungen aus diesem Kapitel umzusetzen, ist es auf jeden Fall wichtig, dass Sie den Bezug zur Ihrem Kindheitserleben im Blick behalten. Nur unter Einbeziehung dieser „Tiefendimension" ist überhaupt Veränderung möglich. Doch auch wenn Sie diesen Hinweis berücksichtigen, kann es sein, dass Sie nur ein Stück weit oder sogar keinen Erfolg haben.

Erfahrungsgemäß greifen Selbsthilfe-Strategien dann am ehesten, wenn Sie schon einigermaßen auf Ihren eigenen Füßen stehen, wenn Sie sich also schon ein Stück in guter Weise äußerlich und innerlich von Ihren Eltern abgelöst haben. Wenn Sie als erwachsene Frau aber immer noch viel für Ihre Eltern mittragen, wie Sie das vermutlich schon seit Ihrer Kindheit tun, und im Grunde auch noch viel von ihnen erwarten, sind Sie mit Ihren Eltern innerlich noch „verbandelt". Und auch wenn Sie Groll gegen Ihre Eltern hegen oder vielleicht sogar nichts mehr mit ihnen zu tun haben wollen, sind Sie innerlich nicht frei.

In diesen Fällen ist es gut möglich, dass Sie mit Ihren Selbsthilfe-Bemühungen nicht wirklich weiterkommen. Ihre kindliche Bedürftigkeit wird Ihnen dann immer wieder in die Quere kommen. Es kann sein, dass Ihre Einsicht und Ihr guter Wille letztlich nicht dagegen ankommen. Dann sollten Sie professionelle Hilfe in Anspruch nehmen, um gleich zum Kern Ihrer Probleme vorzudringen. Dazu mehr in Teil 6.

„Es muss sich einiges ändern! Oder besser doch nicht?" – die Motivation klären

Die Entscheidung, ob Sie einiges bei sich selbst verändern wollen und um was es im Einzelnen gehen soll, können nur Sie selber treffen. Wenn die Form, wie Sie Ihr Leben gestalten, so für Sie ganz in Ordnung ist, weil sie mit Ihren Wertvorstellungen und Ihrer Familientradition übereinstimmt, sollten Sie mit Selbstbewusstsein dazu stehen. Nur Sie selbst können beurteilen, was für Sie das Richtige ist. Wollen Sie etwas verändern, sollten Sie sich in aller Freiheit ganz bewusst dafür entscheiden. Bei diesem Entscheidungsprozess möchte ich Sie nun mit einigen grundsätzlichen Überlegungen begleiten.

Da der Weg heraus aus dem Brave-Tochter-Syndrom erfahrungsgemäß anstrengend ist, ist es sehr wichtig, dass Sie sich ganz klar darüber werden, warum Sie diese Mühe auf sich nehmen wollen. Es muss nicht unbedingt so sein, dass Sie es tatsächlich gar nicht mehr aushalten, so wie es ist. Doch Sie sollten schon gute Gründe für Ihren Aufbruch haben. Nach Art und Zahl können diese Gründe sehr verschieden sein – wichtig ist, dass sie für Sie selber so schwer wiegen, dass Sie Ihnen in kritischen Phasen und Situationen immer wieder als tragfähige Grundlage dienen können.

Solche Gründe können sein:

- Ihre Ehe ist gefährdet.
- Ihre Partnerschaften scheitern immer wieder.
- Sie leben in einer Beziehung voller Streit und Vorwürfe.
- Es gibt heftige Spannungen mit den Kindern.
- Sie fühlen sich überfordert, ausgenutzt, ein Burn out droht.
- Sie sind körperlich krank geworden.
- Sie haben mit Depressionen zu tun.

- Es gibt immer wieder ähnliche Konflikte mit anderen Menschen.
- Sie sind mit sich selbst unzufrieden.
- Sie haben Angst vor dem Altwerden.

Diese Gründe lassen sich auch positiv formulieren als klare Ziele:

- Sie wollen Ihre Ehe retten oder auf eine neue Grundlage stellen.
- Sie möchten endlich eine dauerhafte Partnerschaft leben.
- Die Beziehung zu Ihrem Mann soll harmonischer werden.
- Das Verhältnis zu Ihren Kindern soll sich entspannen.
- Sie möchten lernen, besser für sich selber zu sorgen.
- Sie wollen körperlich gesund werden.
- Ihre Lebensfreude soll wiederkommen.
- Sie möchten Ihre sozialen Beziehungen befriedigender gestalten.
- Sie möchten mehr im Einklang mit sich selber leben, weniger Schuldgefühle und mehr Selbstsicherheit haben.
- Sie möchten am Ende Ihres Lebens mit dem, wie es war, versöhnt sein.

Am besten nehmen Sie sich Zeit, eine ausführliche Bestandsaufnahme zu machen, und schreiben Ihre ganz persönlichen Gründe und Ziele auf. Anschließend sollten Sie so etwas wie eine „Kosten-Nutzen-Rechnung" aufmachen, etwa indem Sie sich folgende Fragen stellen:

- Was kann ich gewinnen, wenn ich mich ändere?
- Was verliere ich dadurch?
- Was kann passieren, wenn ich so weiter mache wie bisher?
- Was kommt auf mich zu, wenn ich mich verändere?
- „Lohnt" sich die anstrengende Arbeit an mir selber?

Es kann sein, Sie kommen nach reiflicher Überlegung zu dem Ergebnis, dass Sie „unter dem Strich" mehr gewinnen als verlieren können, wenn Sie sich auf den Weg machen. Und Sie haben auch gute Gründe dafür. Trotzdem zögern Sie, denn Sie ahnen: Neue Verhaltensweisen einzuüben und ein verändertes Bild von sich selber zu entwerfen ist mühsam. Rückfälle ins gewohnte Verhalten, Denken und Fühlen, Phasen der Mutlosigkeit und Zweifel am Sinn des ganzen Vorhabens bleiben erfahrungsgemäß nicht aus. Auch werden Sie immer wieder mit der Versuchung zu kämpfen haben, doch wieder auf die anderen zu blicken und ihnen die Schuld an den Problemen zu geben, statt bei sich selber zu bleiben. Sie bekommen vielleicht das Gefühl, sich selbst untreu zu werden, nicht mehr Sie selbst zu sein, wenn Sie sich so grundlegend ändern. Und was werden die Eltern, die Geschwister von Ihnen denken?

Veränderungen auf den Weg zu bringen, ist ganz allgemein nicht leicht. Sogar die besten und sehr ernst gemeinten Vorsätze können schon im Ansatz scheitern. Angst vor der Größe der selbst gestellten Aufgabe und vor den Folgen, eine gewisse Bequemlichkeit, Rücksicht auf andere Menschen, Zweifel an dem eigenen Durchhaltevermögen, Geringschätzen der eigenen Einflussmöglichkeiten, Widerstand seitens derer, die von den Veränderungen betroffen wären, all das kann dazu führen, dass letztlich alles beim Alten bleibt und die Trägheit des Systems die Oberhand behält.

Wenn Sie aus dem Gefühl heraus: „So kann es wirklich nicht mehr weitergehen" einiges ändern wollen, müssen Sie mit all diesen Hindernissen rechnen. Als Brave Tochter haben Sie aus verschiedenen Gründen sogar einen besonders mühsamen Weg vor sich. Es geht ja nicht nur darum, kurz und energisch irgendwelche Abläufe im Alltag anders zu organisieren, sondern es geht um innere Prozesse, um Ihre eigene Weiterentwicklung. Ihr Verhalten, das Sie selber viel Kraft kostet und auch für die Menschen, für die Sie da sein möchten, nicht immer gut ist, hat seine Wurzeln in Ihrer Kindheit, und Sie haben es über Jahrzehnte eingeübt. Es ist so etwas wie eine zweite Natur geworden. Trotzdem spricht in den meisten Fällen vieles dafür, sich auf den Weg zu machen, und ich ermutige Sie sehr dazu. Es muss nicht so bleiben, wie es ist.

Durch die Beschäftigung mit dem „Ist-Zustand" lässt sich verstehen, was da eigentlich im Einzelnen abläuft, was stört und wo etwas verbessert werden kann. Verstehen hat für die meisten Menschen vor allem mit Kopfarbeit zu tun, doch manchen liegt eher der Zugang über Gefühle. Beide Möglichkeiten werde ich Ihnen nun erläutern – wählen Sie aus, welche von beiden zu Ihnen passt. Vielleicht kommen Sie aber auch mit einer Kombination aus beiden am besten weiter, um zu merken, wann Sie wieder einmal in eine „Falle“ gestolpert sind und wieso Ihnen das passiert ist.

In Fallen geraten können Sie zum einen für sich alleine, etwa wenn Sie sich immer wieder mit einer zu engen Zeitplanung überfordern. Die meisten Fallen Braver Töchter stehen aber eher im Zusammenhang mit ihren Beziehungen zu anderen Menschen. Es geht oft um Konflikte, zurückgewiesene Hilfsangebote und Kritik. Deshalb werde ich vor allem solche Situationen in den Blick nehmen. Die Anregungen lassen sich aber für alle Arten von Fallen anwenden.

„Veränderungen fangen im Kopf an“ – persönliche Fallen analysieren

In vielen Situationen verhalten wir uns automatisch so, wie wir es gewohnt sind, auch wenn wir schon feststellen mussten, dass es so nicht am besten ist und wir es eigentlich anders machen wollten und sollten. Aber ehe wir uns versehen, haben wir uns zum Beispiel schon wieder über eine Kleinigkeit aufgeregt, haben jemand angefahren, sind jemand ins Wort gefallen, haben einen Kommentar gegeben, wo wir besser den Mund gehalten hätten – und schon sitzen wir wieder in der Falle. Sie kennen das sicher selber.

Die Macht der Gewohnheit ist sehr stark, doch es gibt Wege, sie zu überwinden oder auch zu überlisten. Da gibt es zum einen den Zugang vom Verstand her. In einer Art „Fallen-Analyse“ können Sie herausarbeiten, was in einer solchen „Fallen-Situation“ eigentlich genau abläuft. Mit diesem Verfahren arbeite ich immer wieder in der Beratung. Wenn ich es mit Menschen zu tun habe, die möchten, dass sich in ihrem Leben etwas ändert, sich aber immer wieder in den vertrauten Fallen finden, schlage ich ihnen bisweilen eine solche „Hausaufgabe“ vor: Bis zur nächsten Sitzung sollen sie eine oder auch zwei der typischen ärgerlichen oder konfliktträchtigen Situationen in ihrem Ablauf möglichst zeitnah schriftlich rekonstruieren. Folgende Fragen gebe ich ihnen mit:

SITUATIONSANALYSE

- Wer hat was in welcher Weise gesagt, getan oder sonst irgendwie zum Ausdruck gebracht?
- Was war zuerst, was dann, was danach?
- Wie war die Situation, bevor es offen schwierig wurde?
- Wer war in welcher Verfassung?
- Hatte die Situation direkt oder indirekt eine Vorgeschichte, die hineingespielt hat?
- Wie habe ich mich wann gefühlt, und warum?
- Wie würden die anderen Beteiligten die Geschichte erzählen?
- Welche Gefühle würden sie wohl zum Ausdruck bringen?
- Wer hat wofür Verantwortung zu übernehmen? Was sind die eigenen Anteile an der Geschichte, welches die der anderen?
- Was alles an dieser Situation ruft Erinnerungen an meine Kindheit in mir wach?

Diese Fragen können Sie dabei unterstützen, viele Aspekte von „Fallen-Situationen“ ganz bewusst zu registrieren und das zu erkennen, was hinter dem äußeren Ablauf „wirklich“ abgelaufen ist. Das, was Ihnen bei der Lektüre der ersten vier Teile unseres Buches über Ihre eigenen Anteile klar geworden ist, sollten Sie natürlich dabei berücksichtigen. Vielleicht haben Sie Ihren Mann mit Ihren Erwartungen überfordert; vielleicht haben Sie wirklich zu heftig auf eine Bemerkung Ihrer Kollegin reagiert; vielleicht war doch nicht Ihre große Tochter schuld an dem Konflikt, sondern Sie waren einfach erschöpft von Ihrem anstrengenden Tag und hätten sich insgeheim mehr Unterstützung von ihr erhofft. Mit dem Wissen um die Verwurzelung Ihres Verhaltens in Ihrem kindlichen Erleben haben Sie die Chance herauszufinden, wo Sie sich als erwachsene Frau auch „erwachsener“ verhalten können, und sich zu überlegen, wie Sie es in Zukunft anders machen wollen. Ein Beispiel:

Frau A., Altenpflegerin, geriet regelmäßig mit dem einzigen Mann in ihrem Team aneinander. Er war häufig mit ihren Vorschlägen nicht einverstanden, zweifelte deren Durchführbarkeit an und brachte Frau A. dadurch oft innerlich zum Kochen. Zwar setzte sie sich mit Unterstützung ihrer Kolleginnen auch immer wieder mal durch, doch es ging ihr schlecht mit diesen ständigen Spannungen. Nachdem wir einige solcher Situationen analysiert hatten, wurde ihr klar, dass sie eine Kindheitsrivalität zu ihrem Bruder mit diesem Kollegen austrug. Auf Grund dieser Erkenntnis erarbeiteten wir „erwachsene" Verhaltensalternativen, die sie in der Folge ausprobierte. Die Beziehung zu dem Kollegen entspannte sich dadurch spürbar.

Wenn Sie einige Male gründlich und ehrlich eine Situationsanalyse gemacht haben, werden Sie dieses Verfahren allmählich automatisch anwenden. Es wird Ihnen auf Dauer schon während einer kritischen Situation ganz unauffällig gute Dienste leisten. Sie werden früher als bisher merken, wann wieder derselbe Film beginnt, dessen Sie eigentlich längst überdrüssig sind, und werden Weichen anders stellen oder auch mal rechtzeitig die Notbremse ziehen können.

Falls Ihnen dieser kopfbetonte Weg, Veränderungsmöglichkeiten zu entdecken, nicht so liegt, ist für Sie der Zugang auf der Gefühlsebene vielleicht passender.

„Wie alt fühle ich mich gerade?" – die Fallen erspüren

Vielleicht gehören Sie zu den Menschen, die zu ihren Gefühlen einen unmittelbaren Zugang haben; dann werden die folgenden Vorschläge Sie vermutlich ansprechen. Aber auch, wenn Sie sich eher schwer damit tun, Ihre Gefühle zu spüren, können Sie das eine oder andere mal ausprobieren – der Zugang zu den eigenen Gefühlen lässt sich auch erlernen.

Es geht zunächst darum, dass Sie Ihre Gefühle bewusst wahrnehmen. Alles, was Sie ansatzweise spüren, auch wenn es unangenehm ist, sollten Sie nicht gleich wegdrücken oder bagatellisieren. Registrieren Sie, was es ist, was Sie gerade empfinden: Bin ich ganz gelassen, rege ich mich innerlich auf, bekomme ich Angst, oder schalte ich resigniert ab? Ist das Verhalten des anderen für mich wirklich in Ordnung, oder bin ich ärgerlich, verletzt, traurig? Übernehme ich die mir zugedachte Aufgabe tatsächlich gerne und aus freien Stücken, oder fühle ich mich unter Druck, ausgenutzt, überfordert? Kann ich die Kritik als sachlich gerechtfertigt annehmen, oder fühle ich mich abgewertet, verunsichert, gedemütigt? Wenn Sie bei sich in irgendeiner Form Verunsicherung oder Unmut registrieren, ist das ein Signal: „Achtung, hier könnte ich in eine Falle hineingeraten". Je intensiver ein solches Gefühl in Ihnen aufsteigt, desto größer ist diese Gefahr – wieso, das möchte ich Ihnen im Folgenden erläutern.

Gefühle, besonders wenn sie sehr heftig sind, haben meist etwas mit Erfahrungen in der Kindheit zu tun. Die ursprüngliche Situation, in der das Gefühl erstmals oder besonders stark aufgetreten ist, wird oft bewusst über eine einfache Frage: Wie alt sind Sie denn innerlich, wenn Sie jetzt als erwachsener Mensch panische Angst empfinden, sich völlig ausgeliefert und ohnmächtig fühlen oder so wütend werden? Wenn Sie sich dann als Kind in einem bestimmten Alter wieder erkennen, wird Ihnen manchmal auch klar, was eigentlich im Kern eine solche Angst, Hilflosigkeit oder Wut in Ihnen entstehen lässt. Zur Verdeutlichung das Beispiel einer Live-Arbeit, die wir auf einem Kongress erlebt haben:

Ein Mann, Mitte 30, hatte schon einige seiner Beziehungen dadurch zerstört, dass er seine Aggressionen nicht in den Griff bekam. Er hatte Angst, dass ihm das mit seiner aktuellen Partnerin wieder passieren würde. Besonders wenn sie Verabredungen nicht pünktlich einhielt, konnte er so wütend werden, dass er sie, wenn sie dann schließlich kam, am liebsten gepackt und geschüttelt hätte. Auf die Frage, wie alt er sich in solchen Situationen fühlte, nannte er spontan das Alter von zehn Jahren. Und sogleich fiel ihm ein: Als er zehn war, hatte seine Mutter seinen Vater verlassen... Seine ganze Wut, die er als das verlassene Kind auf seine Mutter hatte, aber nicht aus-

leben konnte, kam in seinen Beziehungen zu anderen Frauen wieder hoch.

Wenn Sie, ausgelöst durch recht geringfügige Anlässe, immer wieder einmal so heftig reagieren, dass andere Menschen gar nicht verstehen, was Sie haben, kann es sein, dass Gefühle, die Sie als Kind hatten, für solche Über-Reaktionen verantwortlich sind. Nicht immer gelingt es, sich über diese Frage nach dem Alter an die Ursprungssituation eines heftigen Gefühls zu erinnern. Doch in den meisten Fällen werden Sie zumindest erkennen können, dass es sich um kindliche Gefühle handelt, die zu Ihrer aktuellen Lebenssituation als erwachsene Frau nicht recht passen. Sie können viel Zeit und Energie sparen, wenn Sie ihnen in Kenntnis dieser Zusammenhänge nicht zu viel Raum zugestehen.

Ein hilfreiches Bild ist, diese Gefühle als alte Freunde und Freundinnen freundlich zu begrüßen, die mal wieder unverhofft vorbeischauen, und ihnen eine Zeit lang Gastfreundschaft zu gewähren. Nachdem Sie sich eine Weile mit diesen Besucherinnen und Besuchern aus Ihrer Kindheit beschäftigt haben, können Sie sich gelassen von ihnen verabschieden, nicht ohne ihnen dafür zu danken, dass sie Sie durch ihr Erscheinen gerade noch rechtzeitig auf eine Falle aufmerksam gemacht haben – sonst hätten Sie vielleicht auf eine Anforderung Ihres „Erwachsenenlebens“ ungebremst kindlich reagiert.

Über die beiden Zugangswege Verstand und Gefühl können Sie also sensibel werden für Ihre ganz persönlichen Fallen und deren Hintergründe begreifen. Zunehmend werden Sie direkt in einer Situation wahrnehmen, welche Ihrer Gedanken, Gefühle und Verhaltensweisen in Ihre Kindheit gehören und Ihnen als erwachsener Frau eigentlich nicht mehr angemessen sind. Sich dann auch tatsächlich anders, „erwachsener“, zu verhalten, ist manchmal schon allein dadurch möglich. Sie haben erkannt oder spüren, dass etwas nicht mehr zu Ihnen passt, und Sie lassen es. Die Zeit ist vorbei, es reicht jetzt. Und wenn Sie sich dann ein paar Mal erfolgreich anders verhalten haben, bestätigt dieser Erfolg Sie darin, das neue Verhalten beizubehalten und noch auszubauen. Meist ist es aber nicht so leicht.

Es kann überhaupt nur dann funktionieren, wenn Sie Ihr kindliches Verhalten wirklich nicht mehr brauchen, wenn Sie sozusagen nur noch gewohnheitsmäßig in dieser alt vertrauten Weise reagieren. Doch selbst in diesem Fall kann es schwierig sein: Alte Gewohnheiten lassen sich nicht so einfach abstellen. Oft hilft es, sich zunächst einmal innerlich auf einen anderen Standpunkt zu stellen. Dadurch ergibt sich häufig von selbst eine neue Perspektive. Was äußerlich funktioniert, etwa wenn Sie den Platz wechseln, um etwas auch noch von einer anderen Seite genau zu betrachten, funktioniert auch gedanklich. Es ergeben sich meist neue Gesichtspunkte, die Veränderungen bisweilen nochmals dringlicher und manchmal auch leichter machbar erscheinen lassen. Alternativen werden erkennbar, die zunächst einmal in aller Ruhe angeschaut und geprüft werden können.

Einige für Brave Töchter zentrale Bereiche habe ich ausgewählt, um Ihnen im Detail in den folgenden Kapiteln zu zeigen, wie Sie bei sich durch eine solche grundsätzliche gedankliche Arbeit Veränderungen in Gang bringen können. Wenn Sie neue Einsichten gewinnen, kann sich das auf Ihre innere Haltung und in der Folge auch auf Ihr Verhalten in konkreten Situationen auswirken.

„So habe ich das noch nie gesehen“ – der konstruktive Umgang mit Verschiedenheit

Ein großer Teil des Drucks, unter dem viele Brave Töchter stehen, hängt damit zusammen, dass sie feste Vorstellungen darüber haben, wie etwas zu laufen hat und was richtig oder falsch ist. Wenn Sie in diesem Punkt weiterkommen, wird Sie das persönlich in Ihrem ganzen Lebensgefühl entlasten. Zudem werden sich die Beziehungen zu Ihren Mitmenschen in manchen Punkten entspannen, denn feste Vorstellungen spielen auch als Auslöser für Konflikte häufig eine Rolle. Diese können dann in Machtkämpfe ausarten, mit Sieger und Besiegten. Wer Recht hat, bestimmt dann auch, wie es gemacht wird, und bei dem anderen bleibt ein ungutes Gefühl zurück.

Hilfreich kann schon sein, wenn Sie sich bewusst machen, welche Funktion solche Vorstellungen ganz allgemein haben und wozu sie bei Ihnen persönlich gut sind. Entgegen einer weit verbreiteten Auffassung sind sie oft nicht Ausdruck von Selbstsicherheit und innerer Stärke, sondern eher von Schwäche. Sie dienen der Orientierung und entspringen einem Bedürfnis nach Sicherheit. Aus innerer Unsicherheit erwächst der Wunsch nach vorhersehbaren Abläufen und nach Kontrolle. Je unsicherer ein Mensch und je bedrohlicher die äußeren Umstände, desto wichtiger ist ein fest gefügtes Weltbild, und desto mehr ist er darauf angewiesen, dass seine Sicht der Dinge nicht in Frage gestellt wird und alles in geregelten Bahnen abläuft. Ein Mensch, der gelassen in sich selber ruht, kann andere Vorstellungen zulassen und flexibel reagieren.

In manchen Fällen spielt auch die Bindung an die Herkunftsfamilie eine große Rolle: Die festen Wertvorstellungen der Eltern werden übernommen und beibehalten, um sich weiter zugehörig zu fühlen. Dieser Aspekt ist dann besonders wichtig, wenn sich Menschen nicht zutrauen, auf eigenen Füßen zu stehen. Auch Rücksichtnahme auf die Eltern kann ein Motiv sein – wie wenn die Eltern es nicht überleben würden, dass sich ihr Kind so weit von ihnen entfernt. In solchen Fällen werden Veränderungen oft auf einen Zeitpunkt nach dem Tod der Eltern verschoben. Doch die Hoffnung, dass es dann leichter geht, erfüllt sich längst nicht immer. Eine automatische Befreiung nur durch den Umstand, dass die Eltern nicht mehr leben, gibt es nicht. Ihre Normen wirken über ihren Tod hinaus.

Kinder brauchen einen solchen festen Rahmen von Wertvorgaben und Verhaltensregeln, um sich sicher zu fühlen. Die Welt ist für sie sonst zu undurchsichtig und verwirrend, da sie verstandesmäßig noch nicht in der Lage sind, die Vielfalt zu ordnen, zu strukturieren, Risiken einzuschätzen und begründet auszuwählen. Sie als Erwachsene dagegen mit Ihrem ausgebildeten Urteilsvermögen können sich eine größere Flexibilität und Offenheit erlauben – was kann Ihnen schon passieren, wenn Sie bewusst etwas anders machen als bisher? Was spricht dagegen, sich anderen Sichtweisen zu öffnen und Verhalten, das Ihnen zunächst fremd erscheint, mit Interesse in Augenschein zu nehmen?

Für einen anderen Menschen ist sein Verhalten genauso „normal" wie Ihres für Sie. Auch er hat seine guten Gründe, es so und nicht anders zu machen. Und auch er bewältigt mit seinen Strategien sein Leben – in anderer Form, aber in vielen Fällen nicht schlechter als Sie. Vielleicht „hat" er einiges, was Ihnen als Braver Tochter gut tun würde. Ich denke da an Verhaltensweisen wie „Mut zur Lücke", einen entspannteren Umgang mit Zeit, das Wichtignehmen eigener Interessen, schnelleres Weglegen von Kränkungen, weniger Planung und mehr Spontaneität, Gelassenheit bei Kritik und vieles andere mehr – im Grunde all das, von dem Sie selber spüren, dass es Ihnen gut tun würde, auch wenn Sie davor vielleicht noch ein wenig Angst haben.

„Die Welt ist bunt, und viele Wege führen nach Rom" – unter diesem Motto möchte ich Sie ermutigen, über den Rand Ihres bisherigen Pools an Denkweisen, Gefühlen, Wertvorstellungen und Verhaltensweisen zu schauen. Wenn Sie mehr von dem, was andere anders machen, gelten lassen können, werden Sie viel unfruchtbaren und anstrengenden Streit vermeiden und insgesamt eine größere Gelassenheit gewinnen.

Ich vermute, dass Sie Anderssein dann recht gut akzeptieren können, wenn Sie nicht unmittelbar davon betroffen sind und wenn Sie sich nicht dafür verantwortlich fühlen. Doch als Brave Tochter fühlen Sie sich wahrscheinlich schnell für alles zuständig, was in Ihrem engeren und weiteren Umfeld geschieht. Um Zuständigkeiten zu klären und Verantwortung abzugeben, ist das Bild der verschiedenen Töpfe recht hilfreich. Zur Verdeutlichung ein Fallbeispiel:

Frau U., Mutter von drei Kindern, der der gemeinsame Sommerurlaub in den Bergen so wichtig ist, hatte auch im Alltag immer wieder zu vielen Themen Auseinandersetzungen mit ihren beiden heranwachsenden Töchtern. Erschwerend kam hinzu, dass sie und ihr Mann sich in Erziehungsfragen oft nicht einig waren. Nach meinem Eindruck behandelte Frau U. die Mädchen immer noch eher wie Kinder, während ihr Mann sich schon mehr auf die veränderte Situation eingestellt hatte.

Wir erarbeiteten miteinander, in welchen Bereichen Frau U. sich das Heft nicht aus der Hand nehmen lassen wollte und wo sie den Mädchen eher Mitspracherechte und Entscheidungsspielräume zugestehen konnte. Bildlich gesprochen gab es verschiedene Töpfe – für jedes Familienmitglied einen eigenen, außerdem einen für das Ehepaar, einen für alle Kinder und einen für die ganze Familie. In seinem eigenen Topf darf nur der Betreffende selbst rühren, niemand anderes darf sich da ungebeten einmischen, außer in akuten Gefahrensituationen; in dem Paartopf haben die Kinder nichts zu suchen und das Paar muss miteinander klarkommen; für den Kindertopf sind die Kinder allein zuständig, und die Eltern dürfen nur ausnahmsweise eingreifen, wenn die Kinder untereinander absolut nicht klar kommen. Nur was den Familientopf betrifft, sind alle gefordert.

Frau U. schaffte es im Lauf der Zeit immer besser, sich aus den Töpfen ihrer Kinder herauszuhalten: Das Thema Ordnung in den Zimmern der Mädchen trat in den Hintergrund, der Älteren wurde freigestellt, ob sie weiter Klavierunterricht nehmen oder aufhören wollte (mit dem Ergebnis, dass sie weitermachte...), und die Jüngere durfte endlich Reitstunden von ihrem zusammengesparten und selbst verdienten Geld nehmen, was die Mutter im Hinblick auf die schulischen Anforderungen bisher immer abgelehnt hatte. Auch den Topf ihres Mannes respektierte Frau U. zunehmend. Statt ihn wie gewohnt wegen seiner zu großen Nachgiebigkeit in Erziehungsfragen immer wieder anzugreifen, ließ sie ihm seinen Stil und unterstützte sogar manchmal seine Vorschläge. Das Familienklima entspannte sich, allen ging es besser, nicht zuletzt Frau U. selber.

Um manche festen Vorstellungen „aufzuweichen“, kann es auch hilfreich sein, sich klar zu machen und im Alltag zu berücksichtigen, dass Männer und Frauen in vielen ihrer Wertvorstellungen und Verhaltensweisen sehr verschieden, ja oft gegensätzlich sind.

„Männer sind anders. Frauen auch" – es hat auch Vorteile…

Nicht ohne Grund ist das Buch von John Gray mit diesem Titel international ein Bestseller geworden. Zwischen Männern und Frauen gibt es eine Reihe von typischen Missverständnissen und Konflikten, die Frauen untereinander eher so nicht haben. Das lässt sich ohne unangemessene Verallgemeinerung feststellen. Einige Beispiele dazu gab es ja schon in früheren Kapiteln. Einen dieser Konfliktbereiche werde ich nun etwas genauer beleuchten – es geht um ein für Sie als Brave Tochter wichtiges und auch vertrautes Thema: Helfen, Hilfe brauchen, Hilfe anbieten, Hilfe annehmen und ablehnen. Zunächst zwei Szenen zur Einstimmung aus unserem eigenen reichen Erfahrungsschatz:

Urlaub in England mit einem geliehenen deutschen Wohnmobil. Linksverkehr. Reger Betrieb auf der dreispurigen Autobahn. Dunkler Himmel, es regnet in Strömen, die Autos fahren mit Licht, es spiegelt auf der nassen Fahrbahn. Ich sitze angespannt am Steuer des ungewohnten Fahrzeugs. Mein Mann auf dem Beifahrersitz rechts neben mir entfaltet seelenruhig eine riesige Autokarte, durch die mir die Sicht auf den rechten Außenspiegel genommen wird. Er scheint meine Anspannung gar nicht zu bemerken und vertieft sich in das Studium der Karte. Meine Nervosität und innere Gereiztheit wächst. Ohne den Blick in den rechten Außenspiegel kann ich nicht die Spur wechseln, wenn ich spritzende Lastwagen überholen möchte.

Am liebsten wäre mir, wenn er mit aufpassen und mir Tipps geben würde, mich also in der schwierigen Fahrsituation unterstützen würde. Außerdem könnte er sich wirklich mal erkundigen, wie es mir mit der ungewohnten und stressigen Situation geht. So würde ich das im umgekehrten Fall machen. Stattdessen erschwert er mir das Fahren noch zusätzlich. Ich fühle mich von ihm im Stich gelassen, was er überhaupt nicht versteht. Er meint, ich fahre doch gut, ich mache das schon richtig, ich brauche doch keine Hilfe, wieso solle er sich da einmischen? Und wenn er irgendetwas für mich tun könne oder solle, solle ich es doch bitte sagen!

Einige Stunden später. Sonnenschein. Inzwischen fährt mein Mann. Nächster Programmpunkt: Schlossbesichtigung. Tourismus pur. Lange Suche nach einem Parkplatz für das sperrige Wohnmobil. Ich halte engagiert mit Ausschau, mache Vorschläge, trauere einigen von ihm übersehenen Parkmöglichkeiten nach, werde ungeduldig und sauer, weil er meine Hinweise nicht aufnimmt. Als er endlich eine etwas enge Parklücke ansteuert, will ich aussteigen und ihn einweisen. Ich hole mir eine massive Abfuhr: Ob ich meine, er schaffe das nicht alleine?

Die Gegensätzlichkeit der Einstellungen, Bedürfnisse und Verhaltensweisen ist, so denke ich, an diesen beiden Szenen deutlich geworden. Wenn Sie in kritischen Situationen, auch wenn es nicht ums Helfen geht, künftig daran denken, dass Ihr Mann manches wirklich ganz anders wahrnimmt, einschätzt, gefühlsmäßig erlebt und auch anders in Worte fasst, als Sie es als Frau tun würden, werden Sie es zunehmend schaffen, sein für Sie bisweilen „unmögliches" Verhalten nicht als Zurückweisung oder Lieblosigkeit aufzufassen. Es ist nicht gegen Sie gerichtet, wenn er plötzlich doch etwas anders macht, als Sie miteinander vereinbart hatten, oder spontan eine Entscheidung alleine trifft. Und er muss auch nicht so oft und so intensiv mit Ihnen sprechen, um noch in Kontakt mit Ihnen zu sein und sich sicher zu fühlen, dass Ihre Beziehung noch stimmt. Er ist einfach anders, und er „meint" es nicht so, wie Sie es als Frau und besonders als Brave Tochter empfinden.

Wenn Sie sein Anderssein in dieser Weise erkennen und gelten lassen, werden sich viele normalerweise schwierige Situationen leichter gestalten. Sie selber werden innerlich nicht in eine so starke Anspannung geraten, und wenn Sie Ihrem Mann dann Ihre Wünsche nach mehr Gespräch und Absprache freundlich und gelassen mitteilen, wird er dafür zugänglicher sein. Vielleicht wird er Ihnen sogar weiter entgegenkommen, als Sie es für möglich halten.

Zur „weiblichen" Form des Erlebens gehört ein weiterer Aspekt, der mir bei Klientinnen und auch bei mir selber immer wieder aufgefallen ist: die Tendenz, Aussagen und Verhalten anderer auf sich selbst zu beziehen. Sie ist bei Frauen generell stärker als bei Männern, und bei Braven Töchtern ist sie besonders ausgeprägt. Ihre Antennen dafür, was andere brauchen, sind so ausgelegt, dass sie auch „Sendungen", die gar nicht an sie gerichtet sind, einfangen und auf sich selbst beziehen.

Im Zusammenhang mit solchen Fehlinterpretationen fällt mir meistens ein Kinder-Song von Rolf Zuckowski ein, in dem es darum geht, dass eine Schlange im Gras liegt und sich sonnt. Ein Tier nach dem anderen, das vorbeikommt, denkt sofort, die Schlange liege nur deshalb da, um ihm aufzulauern und es zu fressen, und sucht schleunigst das Weite. „Doch der Schlange war das ganz egal, sie beachtete es nicht einmal. Sie lag regungslos im tiefen Gras und sonnte sich nur so zum Spaß" – das wird dann jeweils im Refrain klar gestellt.

Vielleicht hilft Ihnen der Gedanke an diese ganz mit sich selbst beschäftigte Schlange zukünftig immer mal wieder, das Verhalten anderer nicht automatisch auf sich zu beziehen. Wenn eine Kollegin Sie übersieht, Ihre Tochter auf Fragen nicht reagiert oder Ihr Mann vor sich hin brummelt, hat das mit großer Wahrscheinlichkeit nichts mit Ihnen zu tun. Ihr Mann käme bestimmt gar nicht auf eine solche „seltsame" Idee, alles auf sich zu beziehen: „Was du nur immer gleich denkst! Wo käme ich denn hin, wenn ich immer auch noch im Blick haben sollte, wie andere mein Verhalten vielleicht interpretieren könnten!"

Immer nur auf andere ausgerichtet zu sein ist einfach anstrengend, und ob ein Verhalten höflich oder unhöflich ist, ob „man" etwas tut oder nicht, das ist weitgehend eine Frage der Definition oder der Übereinkunft in einem sozialen System und kein absolut gültiges Gesetz. Im Einzelfall lässt sich sicher darüber streiten, welches Maß an Absprache und Rücksichtnahme sinnvoll oder nötig ist. Das Zusammenleben ist aber entspannter, wenn klar ist, dass jeder gelegentlich mit sich selber beschäftigt sein kann, seine Ruhe braucht oder allein eine spontane Entscheidung treffen darf.

„Ich bin nicht perfekt, und das ist gut so“ – vom Umgang mit menschlicher Unvollkommenheit

Vollkommen zu sein ist keine Eigenschaft, die dem Menschen zukommt, und niemand verlangt sie von Ihnen. Von „perfekten“ Menschen kann Druck ausgehen, andere fühlen sich dann schwach, unterlegen, unfähig neben ihnen. Tüchtigkeit kann einsam machen, Schwächen zuzugeben verbindet und macht menschlich – vielleicht werden Sie sogar mehr geliebt, wenn Sie nicht so tüchtig sind. Im Grunde wissen Sie ja selber, dass Sie nicht perfekt sind und es nie werden können. Wenn Sie es trotzdem versuchen, ist es wie ein Kampf gegen Windmühlenflügel. Vielleicht fühlen Sie sich deshalb manchmal wie ein Hamster im Laufrad...

Das Wissen um die Vergeblichkeit Ihrer Bemühungen, perfekt zu sein, kann Ihnen helfen, weniger streng mit sich selber umzugehen. Und wenn Sie Ihre eigenen Fehler und Schwächen mehr akzeptieren, werden sich auch Ihre Erwartungen an andere Menschen auf ein menschliches Maß einpendeln. Sie werden besser aushalten können, dass diese auch nicht perfekt sind, und Sie werden mehr mit ihren Unzulänglichkeiten rechnen. Das wird Ihre Beziehungen entspannen und Ihr Leben insgesamt weniger anstrengend machen. Fehler und Pannen werden Sie nicht mehr so heftig aufregen und so anhaltend beschäftigen wie bisher. Ihre Vorwürfe, wenn andere etwas „verbockt“ haben, werden wahrscheinlich gemäßigter und seltener. Und Sie werden auch besser mit Kritik an Ihrem eigenen Verhalten umgehen können.

Bleiben wir zunächst beim Reizwort Kritik. Wenn Sie jederzeit klar vor Augen haben, dass Sie nicht perfekt sind, es nicht sein müssen und auch nie sein werden, werden Sie Kritik schon als etwas weniger bedrohlich empfinden: Sie können dann nämlich aufhören, bei jeder Kritik gleich zu denken, dass Sie es wieder einmal nicht geschafft haben, perfekt zu sein. Das ist ein erster Schritt zu größerer Gelassenheit.

Kritik wird ihre Bedrohlichkeit noch weiter verlieren, wenn Sie sich einiges über ihr Wesen und ihre Funktion vor Augen halten. Kritik ist etwas ganz Normales, weil Fehler und Versehen nun mal passieren – wenn wir Menschen alle vollkommen wären, wäre Kritik überflüssig. Kritik lässt sich auch deshalb nicht vermeiden, weil Menschen unterschiedliche Vorstellungen darüber haben, was richtig oder falsch ist. Sicher gibt es auch Situationen, in denen nur eine Verhaltensweise richtig ist – wenn ein Kind dabei ist, vor ein Auto zu laufen, kann man nicht einfach abwarten und zuschauen, sondern muss es packen und zurückhalten. Doch in den meisten Fällen geht es nicht um objektiv „richtig" oder „falsch". Kritik spiegelt Ihnen in der Regel also nur, dass man oder frau etwas anders sehen und machen kann, als Sie es tun, und nicht, dass Sie etwas falsch machen oder falsch sehen.

Kritik ist formal gesehen eine Rückmeldung, wie jemand anderes das, was Sie getan oder gesagt haben, empfindet. Insofern sagt Kritik zunächst etwas über den anderen aus und nicht über Sie. Natürlich enthält Sie zugleich eine Botschaft an Sie, die Sie prüfen sollten. Wo steckt der wahre Kern, was können Sie aus dieser Kritik, auch wenn diese Sie verletzt, für Ihre Weiterentwicklung mitnehmen? Wenn Sie es schaffen, Kritik so zu verstehen, sind Sie schon ein gutes Stück weiter.

Weiter meint Kritik in einem Punkt nicht, Sie machen „immer alles" falsch, und auch nicht, dass Sie als Person abgelehnt werden. Wenn Sie einen Fehler gemacht haben, sind Sie deshalb nicht weniger in Ordnung und nicht weniger liebenswert, Sie sind einfach nur menschlich. Außerdem, wenn Sie sich jetzt entscheiden, einiges anders zu machen, heißt das nicht, dass Sie es bisher verkehrt gemacht haben. Und wenn jemand anerkennend äußert, wie sehr Sie sich verändert haben, meint er damit nicht, wie schrecklich Sie bisher waren – es ist vielmehr ein dickes Kompliment!

Noch ein Letztes: Gehen Sie davon aus, dass Kritik ungerecht oder überzogen sein kann. Vielleicht reagiert Ihr Mann deshalb so heftig, weil Sie ihn unbeabsichtigt an einer empfindlichen Stelle getroffen haben. Vielleicht nutzt er es ja auch aus, dass er Sie ausnahmsweise bei einer Schwäche oder einem Fehler „erwischt" hat, wo Sie doch immer so perfekt sein wollen – gönnen Sie ihm doch seinen kleinen Sieg. Vielleicht hat Ihr Mann sich schon oft als der Schuldige oder Unterlegene gefühlt, und das hat niemand auf Dauer gerne. Wenn auch Sie gelegentlich etwas falsch machen, etwa wenn Sie einmal ungerecht mit Ihrer Kritik sind, tragen Sie dazu bei, Ihre Beziehung im Gleichgewicht zu halten, und das ist ganz wichtig. Zwei Unvollkommene tun sich leichter miteinander.

Zur menschlichen Unvollkommenheit und Unterschiedlichkeit gehört auch, dass es Konflikte gibt. Wie Kritik sind sie unvermeidlich, durch manche muss man und frau einfach durch. Weder vorherige Absprachen noch Rücksichtnahme bieten die Garantie, dass es nicht zu einem Konflikt kommt, und durch ausführliche Erklärungen und Rechtfertigungen werden Konflikte meist nicht schneller beigelegt, sondern eher verlängert. Sie entstehen manchmal aus nichtigen Anlässen, in Stress oder Hektik, durch Müdigkeit oder Überforderung, und oft geht es um Kleinigkeiten. Ist es dann wirklich so wichtig, wer Recht hat oder wer schuld ist? Zudem ist längst nicht immer jemand „schuld" daran, wenn etwas schief gelaufen ist; es kann auch eine Verkettung unglücklicher Umstände geben.

Schuldzuweisungen helfen auch sonst bei der Lösung von Konflikten nicht weiter. Und es muss nicht jeder Konflikt im Nachhinein ausdiskutiert werden – man oder frau kann sich, vor allem im Bewusstsein der eigenen Anteile oder des geringfügigen Anlasses, auch gestatten, ihn abzuhaken und nach vorne zu schauen. Der Verzicht auf das letzte Wort ist ein gutes Friedensangebot, der andere muss dann nicht auf eine Neuauflage des Konflikts aus sein.

Wenn es Sieger und Besiegte gibt, ist ein Konflikt nie gut gelöst. Wer besiegt worden ist, wird zumindest unbewusst auf Vergeltung aus sein. Ein neuer Konflikt ist vorprogrammiert. Auch Kompromisse sind oft nicht so befriedigend, wie es zunächst scheint, denn beide bekommen nicht wirklich, was sie gerne möchten. Befriedigender ist oft ein zeitliches Nacheinander – mal wird der eine Wunsch erfüllt, mal der andere, wobei die persönlichen Grenzen natürlich klar benannt und berücksichtigt werden müssen. Bei einer solchen guten Lösung gibt es nur Gewinner: Werden die Vorstellungen und Wünsche des anderen als gleichberechtigt und als gleich wichtig angesehen wie die eigenen, dann tut jeder etwas dem anderen zuliebe, und der andere nimmt es mit Dank. Sie werden erfahren, wenn Sie diese innere Haltung einnehmen, wird es zu vielen Konflikten gar nicht erst kommen.

„Es gibt so vieles, dessen ich nicht bedarf" – was brauche ich wirklich?

Mit diesem Ausspruch eines griechischen Philosophen lade ich Sie dazu ein, sich darüber Gedanken zu machen, ob Sie sich von einigem Ballast in Ihrem Leben trennen könnten. Für viele Brave Töchter ist ja der Dauerstress, unter dem sie durch die zahlreichen Anforderungen des Alltags stehen, eines der Hauptprobleme.

Wenn das auch Ihr Thema ist, könnte Ihnen die gedankliche Beschäftigung mit dieser Frage den Ausstieg aus Ihrem anstrengenden Leben erleichtern. Als Hilfestellung habe ich Ihnen wieder einen Fragenkatalog zusammengestellt, in dem es um zentrale zu „entrümpelnde" Bereiche geht. Diese Fragen sollten Sie in aller Ruhe auf sich wirken lassen.

➢ *Brauche ich wirklich dieses Ausmaß an Ordnung? Müssen die Schränke wirklich picobello geordnet sein? Müssen Unterhemden, Schlafanzüge usw. wirklich gebügelt werden? Können die Töpfe nicht auf der Spüle stehen bleiben, bis sie von selber trocken sind? Müssen die Schuhe weggeräumt werden, auch wenn sie gleich wieder angezogen werden?*

➢ *Brauche ich dieses Ausmaß an Sauberkeit? Muss alles immer blitzen und blinken? Muss ich so oft waschen, reicht nicht auch mal Lüften, und ist ein kleiner Fleck wirklich so schlimm? Muss jeden Tag durchgesaugt werden? Wie oft müssen die Fenster geputzt und die Küchenschränke ausgewischt werden?*

- *Brauche ich diese Genauigkeit und Verbindlichkeit in der Zeit- und Terminplanung, und muss ich jede Minute „sinnvoll" nutzen? Was passiert denn Schlimmes, wenn wir nicht auf die Minute pünktlich bei den Großeltern auftauchen? Wenn der Kaffee noch nicht fertig ist, wenn der Besuch kommt? Wenn ich ein paar Minuten einfach „nichts" tue wie der Ehemann in der Loriot-Szene?*

- *Brauche ich wirklich immer die gewohnten Handhabungen und Abläufe, die ich meist schon von daheim aus meiner Kindheit kenne? Welcher sachliche Grund spricht dagegen, dass mein Mann die Zahnpastatube sehr „phantasievoll" ausdrückt; dass meine Tochter an einem unaufgeräumten Schreibtisch ihre Hausaufgaben einwandfrei erledigt; dass mein Sohn seinen Papierkorb immer erst nach dem Überquellen leert und nicht regelmäßig einmal die Woche? Muss morgens beim Frühstück wirklich schon so viel geredet werden, wie ich das aus meiner Kindheit kenne?*

- *Brauche ich unbedingt immer einen Abschiedskuss von meinem Mann, auch wenn er in Eile ist? Brauche ich wirklich immer dieselben bestimmten äußeren Bedingungen für unser sexuelles Miteinander? Brauche ich immer Klarheit darüber, was kommen wird, um mich sicher zu fühlen und mich fallen zu lassen? Könnte ich mich vielleicht von einigen meiner Vorstellungen trennen, mit denen ich mir manchmal selber im Wege stehe?*

- *Brauche ich wirklich all die Dinge, die überall als Staubfänger auf den Regalen stehen oder die meine Schränke überquellen lassen und mir das Ordnunghalten erschweren? Ist es schlimm, wenn ich etwas weggeworfen habe, für das ich selber oder ein anderer kurz danach noch Verwendung gehabt hätte? Muss ich mich wirklich schuldig fühlen, wenn ich ein paar uralte Geschenke wegwerfe oder mich von Erbstücken trenne, die mir nicht gefallen? Brauche ich wirklich noch all die Erinnerungsstücke aus meinem Leben?*

- *Ist unsere finanzielle Lage wirklich so, dass ich Socken stopfen muss, wenn sie anfangen, löchrig zu werden, statt sie zu entsor-*

gen und einen ganzen Stapel neue zu kaufen? Muss ich wirklich die alten Hosen aufbewahren in der Hoffnung, dass ich irgendwann einmal wieder hineinpasse? Muss ich wirklich so auf den Cent schauen, dass ich jedem Sonderangebot hinterherlaufen muss?

➢ *Welche Beziehungen sind mir wirklich wichtig, so dass ich sie gerne pflege? Welche haben sich überlebt? Welche halte ich nur noch aus Gewohnheit aufrecht? Wie oft muss ich bestimmte Leute sehen?*

Von allem, was Sie nicht wirklich brauchen, was Ihnen nicht wirklich wichtig ist oder Ihnen nicht wirklich gefällt, sollten Sie sich trennen; auch von dem, was Sie für den Sankt Nimmerleinstag aufbewahren, weil Sie selbst es irgendwann vielleicht einmal verwenden oder – als Brave Tochter – jemandem damit eine Freude machen könnten. Es kostet Sie unnötig Energie, und es kann Sie gefühlsmäßig und gedanklich belasten. Manche Gegenstände, an denen sich immer wieder Konflikte entzünden oder die Sie an unangenehme Erlebnisse erinnern, auch aus Ihrer Kindheit, könnten Sie vielleicht ebenfalls entsorgen.

Auch Ihre Beziehungen sollten Sie daraufhin überprüfen, ob alle noch für Sie passen. Wenn Sie selber sich entwickelt haben, kann es sein, dass Ihnen manche zu eng geworden sind. Andere hindern Sie möglicherweise daran, sich weiter zu entwickeln. Oft sind Abschiede nötig, um sich neu zu orientieren und Neues aufnehmen zu können. „Solche wähle zu Begleitern auf des Lebens Bahn, die Dein Herz und Deinen Geist erweitern" – dieses Schiller-Zitat kann Ihnen die Richtung weisen, und zwar nicht nur bezogen auf Menschen, sondern auch auf Dinge.

Wo immer Sie Abstriche an Ihren Maßstäben bezüglich Ordnung, Sauberkeit, Pünktlichkeit, Verbindlichkeit machen können, sollten Sie das tun – es schafft Raum für Spontaneität. Außerdem gibt es dann weniger Reibungspunkte vor allem mit Ihrem Mann und Ihren Kindern. Viele Ermahnungen und kritische Äußerungen erübrigen sich. Soviel Absprache wie unbedingt nötig für ein funktionierendes Zusammenleben, und soviel Freiheit und Raum für Spontaneität und Individualität wie möglich – dieser Grundsatz kann hilfreich sein. Natürlich hört die eigene Freiheit dort auf, wo die Freiheit des anderen beginnt, und ohne gegenseitige Rücksichtnahme geht es nicht. Doch wo ist das Problem, wenn Ihr Mann innerhalb seines „Topfes“ heute etwas anders macht, als er am Vortag gesagt hat? Er hat Ihnen doch nichts versprochen! Und selbst wenn Sie irgendwie davon betroffen sind – ist das in jedem Fall so schwerwiegend?

Aufregen sollten Sie sich nur über etwas, was es wirklich wert ist. Gehört die Zahnpastatube dazu? Lohnt ein Streit um ein paar Minuten? Und wollen Sie sich wirklich auf Dauer von einigen Töpfen auf der Spüle ärgern lassen? Alle festen Vorstellungen, von denen Sie sich verabschieden, lassen Sie lockerer und freier werden.

Wenn Sie sich sehr schwer damit tun, sich von Vorstellungen, Dingen oder auch Menschen zu lösen, obwohl diese Sie einengen, steckt oft die Angst dahinter, es könnte etwas Schlimmes passieren, wenn Sie etwas anders machen als bisher. Was ist Ihre Phantasie, was dann passieren könnte? Ist diese Angst realistisch? Versuchen Sie herauszufinden, was dahinter steckt. Sie wissen schon: Oft gibt es eine Verbindung zu Ihren Kindheitserfahrungen, zu denen Sie ja über Kopf oder Gefühl Zugang finden können. Wenn Sie Klarheit über die Hintergründe gewonnen haben, werden Sie sich vielleicht von manchem in Ihrem Leben, was inzwischen überholt ist, verabschieden können und dadurch Spielraum für Neues erhalten – für neue Ideen, neue Beziehungen, neue Dinge.

„Ich habe doch gar nichts gesagt!“ „Aber wie!“ – Botschaften ohne Worte

Ein weiterer Punkt, der Ihr Leben vermutlich immer wieder „unnötig“ anstrengend macht, sind Missverständnisse zwischen Ihnen und Ihren Mitmenschen: Ihr Mann oder Ihre Kollegin hat etwas in den „falschen Hals“ gekriegt; Ihre Nachbarin hat sich über Sie geärgert und Sie verstehen überhaupt nicht, wieso; oder Ihre Tochter fühlt sich von Ihnen zurechtgewiesen, obwohl Sie gar nichts gesagt haben. Oft gibt dann ein Wort das andere, es kommt zu keiner wirklichen Verständigung, und Sie überlegen noch lange, warum Sie so missverstanden worden sind.

Der Hauptgrund ist, dass Worte nur die eine Ebene bilden, auf der etwas ausgedrückt werden kann. Menschliche Kommunikation ist vielschichtig. Neben dem, was mit Worten gesagt wird, gibt es noch andere Botschaften, die durch Blicke, Körperhaltung, Lautstärke und anderes mehr ausgedrückt werden. Und auch Schweigen kann „beredt" sein. Sie haben vielleicht nichts gesagt – aber wie!

Bezogen auf andere Menschen sind Sie als Brave Tochter in dieser Hinsicht vermutlich sehr sensibel. Mit Ihren „Antennen", mit denen Sie bisweilen komplette nicht an Sie gerichtete Sendungen auffangen, registrieren Sie auch vieles, was bei den an Sie gerichteten Äußerungen mitschwingt, gelegentliche Fehldeutungen eingeschlossen – Sie werden sich an die Schlange im Gras erinnern. Aber oft liegen Sie richtig, wenn Sie mehr registrieren, als der Wortlaut enthält. Einige Beispiele dazu – in der Klammer jeweils die versteckte Botschaft:

➢ *Ihr Mann fragt Sie: „Brauchst du noch lange?" (Mit dir kommt man aber auch nie pünktlich weg!)*

➢ *Ihre Tochter sagt zu Ihnen: „Hab' ich heute viele Hausaufgaben!" (Frag mich bloß nicht, ob ich die Spülmaschine ausräumen und Getränke aus dem Keller holen kann!)*

➢ *Ihre Mutter ruft an: „Ich habe einen Zwetschgenkuchen gebacken, den esst ihr doch so gerne!" (Jetzt komm aber auch mit deiner Familie!)*

➢ *Ihr Mann stellt fest: „Deine Freundinnen waren aber lange da!" (Du weißt doch, ich habe gerne meine Ruhe, wenn ich von der Arbeit heim komme, aber das ist dir ja egal!)*

➢ *Ihre Freundin ruft an: „Ich hab heute morgen schon dreimal ver-*

sucht, dich zu erreichen!" (Wo warst du denn überhaupt? Wieso sagst du es mir nicht vorher, wenn du so lange weg bist!)

Schwieriger ist es, bei sich selber diese unterschwelligen Botschaften zu erkennen und dann ehrlich dazu zu stehen, dass noch manches andere transportiert worden ist, wie Vorwürfe, Abwertung, Kontrolle:

➢ *Frau sagt zu ihrem Mann: „Da hast du deiner Mutter aber einen tollen Blumenstrauß gekauft." (Und was ist mit mir? Deine Mutter ist dir wohl wichtiger als ich!)*

➢ *Frau erzählt ihrem Mann, was sie alles für ihn erledigt hat. (Du kannst wenigstens mal anerkennen, was ich alles für dich tue!)*

➢ *Mutter fragt ihre Tochter, nachdem diese mit einer Freundin telefoniert hat, wie es der Freundin geht. (Eigentlich könntest du mich mehr an deinem Leben teilhaben lassen!)*

➢ *Frau sagt zu ihrem Mann: „Ich bin müde, ich will schlafen." (So wenig, wie du heute wieder mit mir geredet hast, habe ich absolut keine Lust, deine sexuellen Bedürfnisse zu befriedigen!)*

➢ *Mutter sagt zu ihrer erwachsenen Tochter, als diese mit Familie zu Besuch ist: „Schön, dass ihr auch mal wieder kommt!" (Es wird aber auch Zeit! Anderes ist ja immer wichtiger als eure alte Mutter…)*

➢ *Frau zu ihrem Mann: „Ich habe dir die Dübel aus dem Baumarkt mitgebracht." (Jetzt montiere aber auch endlich das Hängeregal!)*

Ganz oft sind es diese unausgesprochenen Botschaften, die Anspannung, Ärger und Konflikte hervorrufen. Die sachliche Information allein: „Ich habe starke Kopfschmerzen" löst meist keine Abwehrreaktion aus. Die Körpersprache, ein Blick, der Gesichtsausdruck, die Lautstärke, der Ton, ein Seufzer – das ist es, womit ich Druck erzeuge. Manchmal gilt: „Man merkt die Absicht und ist verstimmt". Oft jedoch erkennt der andere den Grund seines Unbehagens nicht so ohne weiteres. Spricht er sein Unbehagen an, kann ich mit Unverständnis reagieren: „Ich weiß gar nicht, was du hast!"

All das, was ich an unterschwelligen Botschaften aussende, wirkt sich auf das Denken, Fühlen und Handeln des Adressaten aus. Und erfahrungsgemäß kommen diese Botschaften überzeugender an als das, was mit Worten gesagt wird. Besonders Gefühle, zu denen ich nicht stehen kann, oder Erwartungen, die ich habe, aber eigentlich nicht haben sollte, werden häufig in scheinbar rein sachlichen Äußerungen mit transportiert. Das ist in den Beispielen, denke ich, deutlich geworden.

Dass es Ihnen als Braver Tochter bisweilen passieren kann, dass Sie Ihre kindliche Bedürftigkeit und manchmal auch Ihre Überforderung ungewollt in Ihre „erwachsenen" Aussagen mit hineinpacken, wird Ihnen vermutlich einleuchten. Manchmal schicken Sie auch Ihre Sorgen, Ihre festen Vorstellungen und Ihre Perfektionsbestrebungen mit, wenn Sie „nur" etwas fragen oder auf etwas hinweisen. Das kann bei Ihren Mitmenschen Unverständnis, Verwirrung und Ärger auslösen. Es lohnt sich, einmal genauer hinzuschauen, wie es anderen mit solchen Sendungen „Brave-Tochter-Spezialmischung" von Ihnen wohl geht.

„Wie geht es dir eigentlich mit mir, wenn ich…?" – in die Schuhe des anderen schlüpfen

Aus der indianischen Welt stammt das Bild, man müsse eine Weile in den Mokassins eines anderen Menschen laufen, um ihn zu verstehen. Eigene Erfahrungen bestätigen diese Sichtweise. Ein Vater, der während der Kur seiner Frau Urlaub nimmt und rund um die Uhr alleine für die Kinder zuständig ist, versteht danach meist, wieso seine Frau am Abend oft so erschöpft ist. Und wenn er nach der Geburt eines Kindes die Rolle des Hausmannes übernommen hat, weil seine Frau den besser bezahlten Job hat, wird ihm meist klar, das „Nur"-Hausfrauen-Dasein ist nicht das Paradies auf Erden.

Einen solchen Rollentausch tatsächlich vorzunehmen, ist natürlich nicht immer möglich. Ihn aber wenigstens gedanklich zu vollziehen, trägt auch schon zu einem besseren Verständnis anderer Menschen bei und lässt manche Konflikte erst gar nicht entstehen.

Frauen können sich – so erleben wir es –, besser in andere Menschen hineinversetzen als Männer, und Braven Töchtern fällt es meist noch besonders leicht – es sei denn, sie stehen unter Stress, etwa weil sie unbedingt etwas durchsetzen wollen oder sich angegriffen fühlen. Dann geht oft gar nichts mehr. Sie können aber lernen, dieses bei Ihnen vorhandene und sogar gut entwickelte Einfühlungsvermögen auch in Stress- und Konfliktsituationen zu nutzen.

Dazu sollten Sie sich einmal in aller Ruhe bewusst in die Lage der anderen Menschen versetzen, die von Ihren Ideen, Wünschen, Planungen, Erwartungen und Aktivitäten betroffen sind. Wie geht es ihnen wohl dabei? Und wenn Sie meinen, so genau könnten Sie das ja nicht beurteilen, kann Ihnen eine zweite Frage weiterhelfen: „Wie würde es Ihnen selbst wohl gehen, wenn jemand anderes sich Ihnen gegenüber so verhält, wie Sie es tun?“

Viele der Alltagssituationen, auf die ich in der folgenden Sammlung von Fragen und Beispielen Bezug nehme, wurden in Beratungsgesprächen im Zusammenhang mit Paarkonflikten genannt. Andere Bespiele stammen aus meinem privaten Erfahrungsbereich. Vermutlich kommt Ihnen einiges bekannt vor. Vielleicht finden Sie sich aber nur in wenigen der angesprochenen Situationen wieder. Möglicherweise leben Sie auch mit einem Mann zusammen, der sich seinerseits in mancher Hinsicht Ihnen gegenüber so verhält, wie Brave Töchter in meinen Beispielen. Oder Sie erinnern sich daran, dass Sie selbst von einer Freundin oder einem Kollegen so behandelt worden sind – soll sich derjenige oder diejenige doch bitte ändern! Doch Achtung Falle! Bleiben Sie in Ihrem eigenen Interesse ganz bei sich selbst, es geht um Sie und Ihre Weiterentwicklung!

Lassen Sie die Fragen in Ruhe auf sich wirken und erspüren Sie, was davon Sie betrifft:

- ➢ *Wie würde es mir gehen, wenn mein Mann hinter mir her räumt oder „nacharbeitet", wenn ich schon etwas getan habe? Wenn er mich regelmäßig ermahnt, dass ich nur ja vorsichtig fahre, und mich immer an meine Termine erinnert? Wenn er mich immer wieder fragt, ob ich dieses schon erledigt und jenes auch nicht vergessen habe? Wenn er mir immer wieder „nachweist", dass ich etwas falsch gemacht habe, oder ganz „beiläufig" sagt, dass er doch Recht hatte? Wenn er mir vieles, was ich plane, nicht zutraut und es mir auszureden versucht? Wenn er sich immer wieder überfordert, dann fix und fertig ist und ich ihn auffangen soll?*

- ➢ *Würde ich mich ernst genommen fühlen, wenn er mir meine Begründung dafür, warum ich etwas so und nicht anders mache, nicht glaubt? Wenn er davon ausgeht, dass ich eigentlich Ja meine, wenn ich Nein sage, und meine Einwände einfach wegwischt? Oder wenn er mir unterstellt, ich liebte ihn nicht mehr – wenn ich ihn liebte, hätte ich ihm diesen Wunsch erfüllt oder jenes anders gemacht?*

- ➢ *Wäre ich erfreut, wenn ich gerade jemandem etwas erklären würde und ein anderer würde sich einschalten, um es noch genauer zu erläutern? Wenn man mir ungebeten Ratschläge erteilt? Wenn meine Rückfragen gleich als Kritik aufgefasst werden?*

- ➢ *Kann ich entspannen, wenn um mich herum jemand Hektik verbreitet und dauernd aufspringt, um noch etwas zu holen oder zu erledigen? Oder andere unterbricht, weil ihm noch etwas einfällt, gedanklich schon woanders ist, immer wieder nervös auf die Uhr schaut und zum wiederholten Mal die gleichen Fragen und Bedenken äußert?*

Wenn Sie sich von einigen der gestellten Fragen angesprochen gefühlt haben, ist Ihnen vermutlich klar geworden, dass andere Menschen Ihr Verhalten manchmal anders erleben, als Sie bisher angenommen haben. Vieles, was für Sie selbstverständlich ist oder was Sie oft in bester Absicht sagen oder tun, wird von anderen nicht so positiv erlebt. Vielleicht sind Sie sogar ein wenig erschrocken – so wie Ihr Verhalten offenbar ankommt, haben Sie es ja überhaupt nicht gemeint...

Speziell im Zusammenhang mit dem Thema Helfen lohnt es sich, genau hinzuspüren. Aussagen wie: „Zwei linke Hände, wie dein Vater!" oder: „Alleine schaffst du das nicht!" enthalten viel Abwertung und provozieren daher Reaktionen, angefangen von: „Halte dich da raus!" bis: „Dann mach's doch selber!"

In manchen Fällen haben Sie vielleicht keine „Spezialbotschaft" mitgeschickt, sondern einfach gesehen, dass der andere Hilfe brauchen könnte. Auch dann können sich Hilfsangebote und tatsächlich geleistete Hilfe als Medikamente mit unerwünschten „Risiken und Nebenwirkungen" erweisen. Warum das so ist, darum geht es im nächsten Kapitel.

„Ich nehme, was du gibst" – wie Beziehungen gelingen

Nehmen und Geben sind grundlegende Formen des menschlichen Miteinanders. Wenn Sie als Brave Tochter etwas geben, fühlen Sie sich gut. Doch wenn Sie etwas bekommen, werden Sie früher oder später das Bedürfnis haben, Ihrerseits etwas zurückzugeben. Ich denke, Sie haben beides schon erlebt. Zur Veranschaulichung zwei Beispiele:

Sie erledigen für die ältere Nachbarin nach ihrem Oberschenkelhalsbruch wochenlang Einkäufe und sonstige Besorgungen. Es ist für Sie selbstverständlich. Die Nachbarin möchte Ihnen dafür Geld geben, was sie entschieden ablehnen. Ihre Nachbarin ist ganz unglücklich, weil sie nicht weiß, wie sie sich sonst erkenntlich zeigen kann.

Sie sind mehrfach innerhalb kurzer Zeit bei Freunden zu Gast, ohne dass diese eine Gegeneinladung von Ihnen annehmen. „Es ist doch egal, wo wir uns treffen", heißt es dann. Doch Sie empfinden das anders. Sie möchten sich schon bald einmal revanchieren.

Am besten fühlen sich Menschen, wenn es möglich ist, dass sie aus freien Stücken geben und ihrerseits auch in aller Freiheit nehmen. Außerdem sollte keiner mehr geben, als er auch zu nehmen bereit ist, und er sollte auch nicht mehr geben, als der andere nehmen kann. Sonst wird das Gleichgewicht gestört. Niemand nimmt immer nur gerne, und schon gar nicht, wenn er sich dazu gedrängt fühlt.

Diese allgemeinen Erkenntnisse machen verständlich, warum Ihre große Bereitschaft, für andere da zu sein, bei diesen nicht nur positive Wirkungen zeitigt. Wenn Sie Hilfe anbieten, meinen Sie es zweifellos gut. Jedoch die Erfahrung zeigt: „Gut gemeint ist oft das Gegenteil von gut“, und es kann ein „Zuviel des Guten“ geben. Hilfe kann in manchen Fällen auch lästig sein und den anderen überfordern. Wer etwas alleine machen will, fühlt sich entgegen dem äußeren Anschein bisweilen gar nicht stark. Wenn er sich auf den Helfer oder die Helferin einstellen müsste, wäre ihm das zu viel. Auch lange Begründungen zu geben ist in einem solchen Fall zu anstrengend. Deshalb wird Hilfe manchmal schroff zurückgewiesen: „Lass mich in Ruhe!“ – „Bitte nicht helfen, es ist auch so schon schwer genug!“ Und Hilfe kann jemand schwächen. Das fühlt sich dann für diese Person gar nicht gut an. Denken Sie z. B. an ein Kind, das sich viel lieber in mehr Selbständigkeit üben würde, es aber durch Ihre Hilfe nicht kann oder darf.

Wenn Sie um diese unerwünschten „Nebenwirkungen“ wissen, können Sie die ärgerliche Zurückweisung eines Hilfsangebotes zukünftig wohl eher als Feedback verstehen, dass Sie die Grenzen des anderen durch Ihr reichliches Gebenwollen verletzt haben. Und wenn Sie dann, statt gekränkt zu sein, freundlich Ihr Bedauern zum Ausdruck bringen: „Es tut mir leid, es ist schon in Ordnung, ich lass es dich alleine machen“, fühlt sich Ihr Gegenüber ernst genommen und verstanden.

Was in einer Beziehung gegeben und genommen wird, sind oft materielle Dinge oder Unterstützung in praktischen Belangen. Doch auch Ideen und Vorschläge, Anerkennung oder Interesse können ausgetauscht werden. Bezogen auf den Austausch all dieser „Gaben“ ist es gut, dass ein Gleichgewicht herrscht. Brave Töchter neigen jedoch dazu, in ihren Beziehungen allgemein und besonders in ihrer Partnerschaft zu viel zu geben und zu wenig zu nehmen. So entsteht im Lauf der Zeit oft ein Gefälle, das Gleichgewicht ist gestört, und zwar nicht nur, wenn es ums Helfen geht. Der freie, lebendige Austausch von Gutem, der Partnerschaften intensiv und zugleich leicht macht, ist blockiert. Geben und Nehmen sind nicht mehr ausgeglichen. Dazu, wie sich diese Schieflage konkret auswirkt, habe ich bereits einiges erläutert. Im Extremfall kann Ihre Partnerschaft an diesem Ungleichgewicht sogar scheitern. Was können Sie tun, damit es nicht soweit kommt?

Das Wichtigste ist: Nehmen Sie das, was Ihr Mann Ihnen gibt, mit Dank. Gehen Sie grundsätzlich davon aus, dass er gibt, was er kann und was für ihn angemessen ist. Wenn es in Ihren Augen relativ wenig ist, kann es mit der eigenen Geschichte Ihres Mannes zu tun haben – vielleicht war es in seiner Familie üblich und ganz in Ordnung, „sparsamer" zu geben; ein Mehr an Austausch, so wie Sie es gerne hätten, wäre für ihn vielleicht ein Zuviel. Wenn er „dicht" macht, kann es aber auch damit zusammenhängen, dass Sie von Ihrem Mann etwas erwarten, was er Ihnen nicht geben kann. Und möglicherweise achten Sie das, was Ihr Mann Ihnen gibt, nicht ausreichend.

Wenn Sie denken, er könne mehr oder anderes geben, aus welchem Grund auch immer, stellen Sie sich über ihn, denn Sie beurteilen damit sein Verhalten und seine Möglichkeiten: Er will bloß nicht, er gibt sich nicht genug Mühe, er ist zu keiner Arbeit an sich selber bereit. Auch wenn Ihnen das vermutlich nicht bewusst ist und Sie es auch nicht wollen, bedeutet es letztlich, dass Sie sich als die Bessere fühlen.

Genau so wichtig wie zu nehmen ist es, dass Sie geben ohne die Erwartung, dafür etwas zurückzubekommen. Ein französisches Sprichwort sagt: „Die Liebe ist das Kind der Freiheit". Forderungen, Ansprüche und Kontrolle zerstören sie. Ihr Geben berechtigt Sie nicht, Ihren Mann unter Druck zu setzen, also im Sinne von: „Das habe ich für dich erledigt, dann könntest du doch wenigstens mal..."

Noch ein paar Sätze zum freien Austausch von Gutem im Bereich der Sexualität. Von spontanem Geben und Nehmen lebt auch das sexuelle Miteinander. Wenn Sie sehr stark auf das ausgerichtet sind, was Ihr Mann gerne hat und „braucht“, kann das Ihre Spontaneität beeinträchtigen. Zudem gehört zu einer sexuellen Beziehung, dass beide Partner vom anderen etwas für sich selbst wollen und Verantwortung dafür übernehmen, dass sie sich gut fühlen. Es ist aus noch einem Grund wichtig, dass Sie gut für sich „sorgen“: Ihr Mann möchte ebenfalls das Gefühl haben, dass er Ihnen etwas geben kann und Sie damit glücklich sind. Wenn Sie noch etwas anderes von ihm wollen, als er von sich aus und seinen Vorstellungen entsprechend gibt, ist es sehr sinnvoll, ihm das freundlich, aber konkret zu sagen, wenn nötig, mehrfach und mit verschiedenen Worten. Wenn Sie es ihm nicht klar sagen, woher soll er es denn wissen? Wenn unterschiedliche Vorstellungen da sind, empfiehlt es sich übrigens, einmal auf die Wünsche des einen einzugehen und ein anderes Mal auf die des anderen – Kompromisse blockieren viel Lebendigkeit.

„Ich mag mich ganz und gar“ – und andere nützliche Feststellungen

Wenn Sie sich mit den Hinweisen der vorhergehenden Kapitel befasst haben und auch schon Erfahrungen gemacht haben im Umsetzen einiger Ideen, werden Sie festgestellt haben: Manches ist gewöhnungsbedürftig, ging aber ganz gut; anderes „funktioniert“ wahrscheinlich noch nicht so, wie Sie es sich wünschen. Deshalb habe ich Ihnen in diesem Kapitel konkrete, praxisnahe Tipps zusammengestellt und sie in verschiedene „Schubladen“ sortiert. Nach meiner Erfahrung ist es hilfreich, in „kritischen“ Situationen die Schublade mit dem entsprechenden Etikett „aufzumachen“, sich kurz zu orientieren, ob etwas von dem Inhalt passen könnte, und dieses „Teil“ dann gezielt einzusetzen.

Die meisten dieser Schubladen bekommen Sie von mir mit einer bewährten „Grundausstattung“, die Sie individuell ergänzen können. Sie enthält viele unterschiedliche Elemente. Da gibt es zum einen einprägsame Redensarten und Sprichwörter, die ich schätzen gelernt habe: Sie enthalten die Erfahrung und Weisheit von Generationen. Sie sind oft so leicht dahingesagt, viele klingen banal, doch wenn Sie Ihnen nachspüren, werden Sie ihre Tiefe entdecken. Zum anderen habe ich in die Schubladen kurze Sätze hineingepackt, die Sie bei Bedarf zu sich selber oder zu Ihrem Gegenüber sagen können. Ergänzend finden Sie noch einige Erläuterungen. Außerdem biete ich Ihnen eine Auswahl praktischer Übungen an, die Sie vielleicht befremdlich, vielleicht aber auch ganz lustig finden. Wählen Sie aus, was zu Ihnen passt, und nutzen Sie Ihre Kreativität und Ihren Humor, um eigene Formulierungen zu entwickeln.

Die oberste Schublade trägt den Aufkleber „Grundsätzliches“ und enthält bekannte Redewendungen. Einige für Sie persönlich besonders wichtige könnten Sie auf kleine Karten schreiben und irgendwo an die Wand pinnen oder an einen Küchenschrank heften, damit Ihr Blick immer wieder darauf fällt:

Weniger ist oft mehr! – Eins nach dem anderen! – Nicht alles auf einmal! – Eile mit Weile! – Rom ist auch nicht an einem Tag erbaut worden! – Atmen nicht vergessen! – Mach mal Pause! – Wer wird denn gleich in die Luft gehen? – Erst mal den Kopf einschalten! – Öfter mal den Mund halten! – Niemand ist perfekt! – Gut gemeint ist oft das Gegenteil von gut! – Immer mit der Ruhe!

Auf einer zweiten Schublade klebt das Schild „Selbst ist die Frau!?“. Hier finden Sie nur einen einzigen, für viele Brave Töchter aber ganz wichtigen Satz, der viel verändern kann, für Sie selber und für andere:

„Danke, das ist lieb von dir!“

Er ist als Ersatz geeignet für alles, was Sie bisher gesagt haben, wenn Ihnen Hilfe angeboten worden ist oder jemand einfach mit anpacken wollte: „Das ist doch nicht nötig, ich schaff das schon" – „Es geht schon so, das ist doch gar nicht so viel" – „Ich komme schon alleine zurecht", oder wie auch immer Sie normalerweise dafür gesorgt haben, dass Sie sich alleine abmühen konnten. Warum sollte Ihr Besuch nicht beim Tischabdecken und Spülen helfen, und warum sollte Ihre Nachbarin Ihnen nicht einen der beiden schweren Einkaufskörbe abnehmen?

Der Satz passt auch für unerwartete, ja sogar gegen Ihren Willen geleistete Gefälligkeiten, etwa wenn Ihr Mann schon die Spülmaschine – auf seine Art – eingeräumt hat, obwohl Sie gesagt hatten, sie würden es noch machen, oder wenn Ihre Lieben sonntags mit dem Frühstück auf Sie gewartet haben, obwohl Sie gesagt hatten, sie sollten schon anfangen. Wenn Sie nehmen, was Ihnen gegeben wird, ist das ein aktiver Beitrag zum Gleichgewicht in Ihren Beziehungen.

Auf einer anderen Schublade steht „Üben, Üben, Üben". Denn wenn Sie sich immer wieder anders verhalten, wirkt das auf lange Sicht auf Ihre Einstellungen und Gefühle zurück. Es gibt viele Übungsfelder und viele Gelegenheiten. Machen Sie im Alltag bewusst zu Übungszwecken immer mal wieder etwas anderes als bisher: einmal nicht kontrollieren oder nicht nacharbeiten; nur ein schnelles Essen machen, obwohl Sie nicht in Eile sind; ausdrücklich sagen, dass Sie Blumen möchten; einmal „nichts" tun, wenn Sie etwas Luft haben; um Hilfe bitten, auch wenn Sie alleine zurecht kämen; einmal Nein sagen, obwohl Sie etwas problemlos erledigen könnten. Übung macht den Meister!

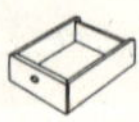

Es folgt eine Schublade mit dem Schild „So ein Drama". Sie enthält Vorschläge für einen gelassenen, humorvollen Umgang mit Pannen & Co. Lohnt sich die Aufregung? Und vor allem: Hilft sie weiter? Statt Lamentieren und Dramatisieren – was alles jetzt nicht geht oder was da noch alles hätte passieren können – empfiehlt sich eine unaufgeregte „Beschreibung der

Wirklichkeit" und anschließend, je nach Situation, ein kurzer Kommentar oder sachliche Fragen:

„Da ist wohl etwas schief gegangen." – „Da haben wir wohl eine neue Situation. Was machen wir jetzt?" – „Ist etwas Schlimmes passiert? Brauchst du Hilfe? Wenn ich was tun kann, sag es bitte!" – „So was Dummes! Zum Glück ist nicht mehr passiert." – „Schon passiert. Aufregen lohnt nicht."

Manchmal ist auch ein freundliches Schmunzeln hilfreich:

„Das hast du aber gut hingekriegt. Wie hast du das denn geschafft?" – „Besser hätte ich es auch nicht gekonnt!" –„Klasse, jetzt können wir ja endlich mal..."

Vorwürfe, noch dazu in Verbindung mit Verallgemeinerungen wie „immer", „schon wieder", „typisch", die Sie vielleicht noch in dieser Schublade vorfinden, sollten Sie schleunigst entsorgen – außer Sie wollen lang angesammelten Groll los werden.

In einer besonders großen Schublade schließlich gibt es Anregungen zum Thema „Kritik". Sie lässt sich anfangs vielleicht nicht so schnell öffnen, wie es eigentlich nötig wäre, wenn das Warnsignal „Achtung – Falle!" aufleuchtet. Vielleicht sollten Sie sie immer wieder einmal auch ohne konkreten Anlass öffnen – der Inhalt ist wichtig! Sie können ihn teilweise auch bei Vorschlägen, Hinweisen, Kommentaren und Fragen verwenden, die bei Ihnen wie Kritik ankommen, auch wenn sie nicht so gemeint sind. Ganz obenauf habe ich Ihnen einen Zettel gelegt mit Hinweisen, die Ihnen helfen können, Kritik nicht reflexartig zurückzuweisen, sondern erst einmal stehen zu lassen:

„Erst mal tief durchatmen!" „Stopp! – Keine langen Erklärungen, Begründungen und Rechtfertigungen!"

Wenn Sie überhaupt gleich etwas sagen möchten, sind kurze, sachliche Bemerkungen konstruktiv, wie die folgenden:

„Es ist angekommen." – „So habe ich das noch nie gesehen." – „Ich werde darüber nachdenken." – „Interessant, wie du das siehst. Offenbar kann man das auch anders sehen als ich." – „Ein bisschen was ist dran." – „Vermutlich hast du recht." – „Tut mir leid."

Die letzten Formulierungen empfehlen sich besonders dann, wenn Sie das Gefühl haben, so ganz Unrecht hat der andere nicht. Mit Menschen, durch deren Kritik Ihnen erfahrungsgemäß leicht der Boden unter den Füßen weggezogen wird, könnten Sie vielleicht vereinbaren, dass Sie Ihre Verunsicherung auch ansprechen können:

„Ich bin ziemlich verunsichert." – „Das trifft mich jetzt ziemlich." – „Habe ich alles falsch gemacht?" – „War das jetzt ganz schlimm für dich?"

Sie werden dann vermutlich meist beruhigende Worte zu hören bekommen – diese dann aber bitte auch stehen lassen, sie glauben und sich daran festhalten! Sehr empfehlenswert ist es auch, sich selbst Bestätigung zu geben, etwa mit dem folgenden, etwas herausfordernden Satz:

„Ich mag mich ganz und gar, auch wenn ich jetzt gerade etwas falsch gemacht habe".

Sie werden erleben, Übung bringt's. Und wenn Sie dann feststellen, dass die Angelegenheit für Sie innerlich wirklich erledigt ist, sind Sie schon recht fortgeschritten im Umgang mit Kritik.

Eine leere Schublade gibt es auch. Diese sollten Sie von Grund auf selber füllen mit dem, was Ihnen am wichtigsten und hilfreichsten erscheint, sozusagen Ihr ganz persönliches Handwerkszeug. Dazu gehören sicherlich „Teile“, die Sie schon lange mit sich führen, bisher aber noch nicht so übersichtlich sortiert und griffbereit hatten. Außerdem können Sie das hineintun, was Ihnen beim Lesen dieses Buches an Hinweisen und Ideen wichtig geworden ist. Vielleicht lesen Sie einige Abschnitte nochmals durch und machen sich Notizen. Und Sie sollten unbedingt alles besonders weit vorne hinlegen, was sich schon einmal bewährt hat. Vielleicht reicht es dann im Alltag, wenn Sie den Inhalt dieser einen Schublade immer griffbereit haben, als Unterstützung bei Ihren Bemühungen, sich zu verändern.

Bei einem solchen „zweiten Durchgang“ könnten Sie zugleich die vielen Beispiele nochmals auf sich wirken lassen und überlegen, wie die Frauen sich jeweils anders verhalten könnten. Diese Übung kann Ihnen helfen, dass Ihnen in konkreten Situationen schneller und leichter Alternativen zu Ihrem gewohnten Verhalten einfallen.

„Und was tue ich jetzt?“– was sonst noch von Interesse für Sie sein könnte

Wenn Sie nicht mehr so viele Aufgaben bereitwillig übernehmen, wenn Sie nicht mehr alles perfekt machen wollen, wenn Sie sich von einigem Ballast getrennt haben und deshalb weniger Zeit zum Sortieren, Aufräumen und Putzen brauchen, wenn Sie nicht mehr durch lange anstrengende Streitereien und ermüdende Diskussionen Zeit und Kraft verlieren, dann werden Sie zunehmend mehr Zeit zu Ihrer eigenen freien Verfügung haben. Vermutlich sagen Sie: „Toll! Das habe ich mir schon lange gewünscht! Wo ist das Problem?“

Es kann jedoch sein, dass Sie sich mit der vielen Zeit wider Erwarten nicht rundum gut fühlen. Vor allem, wenn Sie bisher sehr viele Stunden im Einsatz für andere waren und Sie nun Ihr Engagement ziemlich weit zurückgefahren haben, kann zunächst eine gewisse Leere entstehen. Diese müssen und wollen Sie ja sinnvoll füllen. Vielleicht erleben Sie Folgendes: Sie haben Ideen, was Sie gerne tun würden, und beginnen vielleicht das eine oder andere. Anfangs sind Sie mit Eifer und Freude dabei. Doch irgendwann stellen Sie fest, dass Sie Ihre eigenen Interessen doch wieder zurückstellen, wenn Sie irgendwo gebraucht werden. Oder Sie geben eine Idee bald wieder auf, wenn sich die praktische Umsetzung als schwierig erweist – ganz so wichtig ist Ihnen die Sache nun auch wieder nicht. Möglicherweise wissen Sie auch gar nicht so recht, was Sie wirklich gerne tun würden. Ihre Interessen, die Sie als kleines Kind im Ansatz einmal hatten, sind verkümmert oder in Vergessenheit geraten, weil sie nicht wichtig genommen und gepflegt wurden. Vielleicht haben Sie auch den Eindruck, was Sie da begonnen haben, ist im Grunde eine „nutzlose" Tätigkeit, die den Zeitaufwand nicht lohnt – was könnten Sie in dieser Zeit stattdessen alles an Sinnvollem erledigen!

Solche Erfahrungen sind durchaus „normal". Die Situation, einmal Zeit zu haben, erleben Sie vielleicht wie Neuland, das Sie sich erst erobern müssen. Das kann mühsam sein. „Spielen" haben Sie vielleicht nie gelernt, weil für „so etwas" in Ihrer Kindheit niemand Verständnis hatte und Sie schon damals „Wichtigeres" zu tun hatten. Wenn Sie solche unerwarteten Erfahrungen machen: Bleiben Sie „dran", und verlieren Sie nicht die Geduld! Sie sollten sich auch nicht zu viel auf einmal an neuen Aktivitäten vornehmen, und Sie sollten auch nicht alles aufgeben, was Sie bisher gerne für andere getan haben und nach wie vor für wichtig halten. Vielleicht fühlen Sie sich besser mit einer Mischung aus Alt und Neu. Es geht ja nicht darum, dass Sie überhaupt nichts mehr für andere tun und nur noch in egoistischer Weise an sich selbst denken sollen. Sie können immer noch einen Kuchen fürs Gemeindefest backen oder ehrenamtlich Ladendienst im Eine-Welt-Laden machen, aber nur, wenn es Ihnen nicht zuviel ist und wenn es Ihnen wirklich Freude macht, und nicht, weil Sie geliebt werden wollen oder nicht Nein sagen können. Wenn Sie in dieser Weise mit „Wichtigem" dosiert umgehen, steht das nicht im Widerspruch zu Ihrem Aufbruch zu „neuen Ufern".

Wenn Sie auf der Suche sind nach etwas, was Sie ernsthaft interessiert, könnten Sie an etwas anknüpfen, was Ihnen früher einmal Freude gemacht hat und was Sie gut gekonnt haben. Oder Sie beginnen endlich mit etwas, was Sie schon immer gerne getan hätten, was aus irgendwelchen Gründen aber nicht möglich war. Warum sollten Sie nicht als erwachsene Frau noch Gesangsunterricht nehmen oder eine Sprache lernen? Oder warum sollten Sie nicht regelmäßig ins Schwimmbad oder in die Sauna gehen, was Sie sich aus Zeitgründen bisher oft verwehrt haben?

Wenn Sie feststellen, dass Sie Ihre eigenen Pläne immer wieder leicht aufgeben, wenn andere Menschen Sie brauchen, könnten Ihnen vielleicht noch einige Überlegungen zu etwas mehr „Standfestigkeit" verhelfen. Machen Sie sich klar: Sie sind nicht weniger wichtig als andere Menschen. Es gibt keinen vernünftigen Grund, dass Sie Ihre Interessen ständig zurückstellen. Und es spricht einiges dafür, dass jeder Mensch seine in ihm angelegten Fähigkeiten auch entwickelt – wozu hat er sie denn sonst mitbekommen?

Für den Fall, dass Sie christlich geprägt sind: Die Basis für die Nächstenliebe ist die Liebe zu sich selbst. In der jüdischen Tradition, in der Jesus steht, war Selbstliebe etwas ganz Selbstverständliches. Es geht bei seiner Aufforderung, den Nächsten zu lieben, nicht darum, dass Menschen sich selber nicht mehr wichtig nehmen. Sie sollen ihren Blick nur nicht ausschließlich auf sich selbst, sondern auch auf die anderen richten. So wie sie sich selbst lieben, sollen sie auch die anderen lieben. Außerdem: Leben ist mehr als Pflicht und Arbeit, auch wenn in unserer westlich-christlichen Tradition dem Muße-Teil keine so gewichtige Rolle eingeräumt wird. Auch hier sei ein Blick über den Tellerrand erlaubt. In vielen Kulturen hat die Muße einen festen Platz im Leben. Ein ausgewogenes Verhältnis von Aktivsein und Zur-Ruhe-Kommen, von gelassenem Ein- und Ausatmen gilt als erstrebenswert.

Wenn Sie sich selbst wichtig nehmen und Ihre Interessen entwickeln, werden Sie zunehmend das Gefühl bekommen, dass Sie außer Ihrer

Freundlichkeit, Hilfsbereitschaft und Tüchtigkeit noch anderes zu „bieten“ haben. Ihr Selbstbewusstsein wird wachsen und eine neue Grundlage bekommen. Sie werden nicht mehr so darauf angewiesen sein, über Ihr Tun für andere deren Anerkennung und Zuneigung zu gewinnen. Sie werden Ihre Wünsche zunehmend klarer formulieren, und Ihre Botschaften werden seltener Beipackungen Ihrer „Brave-Tochter-Spezialmischung“ enthalten. Sie werden mit größerer Gelassenheit zu Ihrem Verhalten stehen und sich einen „Kritik-Stiefel“ auch mal nicht anziehen, ohne gleich den Vorwurf zu befürchten, Sie könnten keine Kritik vertragen. Sie werden sich nicht mehr alles gefallen lassen und sich verbiegen, nur um nicht anzuecken oder geliebt zu werden. Und Sie werden es schaffen, Beziehungen zu beenden, wenn Sie sich immer wieder schlecht darin fühlen – es gibt eben Unverträglichkeiten der Temperamente und Ansichten.

Wenn Sie verheiratet sind oder in einer Partnerschaft leben, werden Sie es mit zunehmender Selbstsicherheit aushalten, dass es Anerkennung zu 100 % und Liebe zu 100 % im Alltag und auf Dauer und in jeder Situation leider nicht geben kann. Sie werden damit leben lernen, dass Ihr Partner viele Ihrer Bitten, Wünsche und Bedürfnisse nicht erfüllen kann oder will. Sie werden, sofern Sie das bisher getan haben, immer weniger Vergleiche zwischen Ihrem Mann und anderen Männern ziehen: Ihrem Vater, einem früheren Partner, den Sie sehr geliebt haben und der Sie verlassen hat, oder Ihrer großen Liebe, die Sie gerne geheiratet hätten. Sie werden zunehmend besser damit leben können, dass ein realer Partner oder Ehemann nicht so toll sein kann und Sie in ihm auch nicht den guten Vater finden können, den Sie vielleicht nie hatten.

Unterstützen können Sie Ihren inneren Prozess, bei dem es ja darum geht, dass Sie sich aufrichten und „groß“ werden, wenn Sie Ihre äußere Haltung entsprechend verändern. Sie kennen vielleicht die Empfehlung, sich selbst jeden Morgen im Spiegel zuzulächeln. In der Beratung verwende ich oft eine Comic-Szene, in der Charly Brown zunächst mit hängenden Schultern dasteht. Dann erklärt er seiner Freundin, wie wichtig es sei, eine solche Haltung einzunehmen, wenn man deprimiert ist und von seiner Depression etwas haben wolle; sich aufzurichten und mit erhobenem Kopf dazustehen, sei das Verkehrteste, was man tun könne, denn dann fühle man sich gleich viel besser.... Diese Szene bringt es auf den Punkt: Wenn Sie Ihre Körperhaltung, Ihr Sprechtempo, Ihre Lautstärke, Ihren Ton, Ihren Gesichtsausdruck bewusst ändern, wirken diese Veränderungen auf Ihre innere Verfassung zurück. Vielleicht probieren Sie es selbst einmal aus, sich zuzulächeln und sich aufzurichten, wenn Sie sich einmal schwach und klein fühlen – Sie werden spüren, wie Sie innerlich „größer" und stärker werden.

Wenn Sie sich selbst wichtig nehmen und Ihre Interessen pflegen, tut das nicht nur Ihrem Selbstbewusstsein gut. Sie werden auch feststellen: Wenn Sie Interessen haben, werden Sie in einer neuen Weise interessant für andere – übrigens auch für Ihre erwachsenen Kinder. Sie gewinnen Profil. Auf einmal suchen Menschen Ihren Kontakt, die für sich selbst stehen können. Sie „wollen" nichts von Ihnen, sondern sind einfach gerne mit Ihnen zusammen. Es werden Menschen sein, mit denen Sie über Wichtiges reden, Interessantes tun und mit denen Sie es sich gut gehen lassen können. Beziehungen „in Augenhöhe" werden möglich. Anders als in dem Gedicht zu Anfang unseres Buches kann es dann heißen: „Sie hat ihr Leben gelebt, und einige wussten, wer sie war."

Die Frauen unter Ihren neuen Bekannten werden wahrscheinlich eher keine Braven Töchter sein. Für sie ist es normal, dass Sie anders sind und dass es auch einmal Unstimmigkeiten geben kann. Zu erwarten, jemand müsse sich deshalb ändern, käme ihnen überhaupt nicht in den Sinn. Und Sie werden erleben, ein Miteinander kann auch so funktionieren – mit gegenseitiger Achtung und Rücksichtnahme. Mit solchen Frauen können Sie sich auch gut darüber austauschen, wie „Nicht-Brave Töchter" sich verhalten und wie sie mit manchen Problemen umgehen. Sie können sie auch um ihre Meinung bitten, wenn Sie sich einmal unsicher oder „klein" fühlen und Rückmeldung brauchen.

Wenn Sie den Eindruck haben, in dem einen oder anderen Punkt sollten Sie noch mehr Klarheit gewinnen und Ihrer selbst noch sicherer werden, können Sie natürlich auch entsprechende Wochenendseminare oder Kurse seriöser Anbieter besuchen. Finden Sie heraus, was Ihnen zusagt. Manchen Menschen liegen körperorientierte Methoden wie Ausdruckstanz, manche kommen über die Entfaltung ihrer Kreativität weiter, etwa durch Malen; die einen finden über Rollenspiele Zugang zu sich selbst, andere arbeiten gerne mit inneren Bildern. Sie können manche professionelle Methoden auch selber anwenden, – die Palette der Selbsthilfebücher ist lang. Auch hier gilt: „Viele Wege führen nach Rom."

All diese Anregungen habe ich Ihnen zusammengestellt in dem Bewusstsein, dass Selbsthilfestrategien auch zu kurz greifen können und Sie sich möglicherweise Frust einhandeln, weil es nicht so funktioniert, wie Sie es sich erhofft haben. Es hat Ihnen auf keinen Fall geschadet, wenn Sie sich selbstständig auf den Weg gemacht haben. Ich bin überzeugt, Sie haben sich dadurch auf jeden Fall besser kennen gelernt, und es hat Sie, so hoffe ich, in diesem oder jenem Bereich ein kleines oder größeres Stück weiter gebracht.

Teil 6: Hilfe von außen

Wenn Sie als Brave Tochter sich weiterentwickeln möchten, kann es sinnvoll und Erfolg versprechend sein, Methoden der Selbsthilfe zu nutzen, wie sie im vorigen Kapitel erläutert wurden. Das eigene Bemühen führt indes nicht immer zu dem gewünschten Erfolg. Folgendes Bild beschreibt eine relativ häufige Situation:

Wenn jemand im Laufe der Entwicklung an einem Berg von Problemen ankommt, kann sich herausstellen: Der Weg führt nur über diesen Berg. Um gut über den Berg zu kommen, bedarf es eines erfahrenen Bergführers oder einer erfahrenen Bergführerin, so dass es danach wieder ohne fremde Hilfe in weniger schwerem Gelände gut weitergehen kann.

„Allein schaffe ich das nicht" – wenn Hilfe von außen gesucht wird

Es gibt Brave Töchter, die Jahrzehnte ihres Lebens für andere gelebt und gerackert haben. Sobald sie ihr Leben verändern wollen, versuchen ganz schnell negative Gefühle, sie auf den „Pfad der Tugend" zurückzudrängen, wie Schuldgefühle, Verlassenheitsängste, Empfindungen von Schwäche und Ohnmacht. Oft sind diese so stark und heftig in ihren Erfahrungen als Kind verankert, dass sie sich aus eigener Kraft nicht auflösen lassen. Ist dies der Fall, handelt es sich um eine Form von Verstrickung. Selbsthilfestrategien greifen dann zu kurz.

Um sich aus einer Verstrickung zu lösen, ist es notwendig, zu den Personen und zu den Ereignissen während der Kindheit und zu den Personen und Schicksalen aus dem Familiensystem einen neuen inneren Zugang zu finden. Dies kann mit Nachdenken über die Familiengeschichte und mit gutem Willen allein nicht gelingen.

Der Schlüssel für die Lösung aus einer Verstrickung liegt in der Regel in den Schicksalen der verschiedenen Mitglieder der Herkunftsfamilie, denn alle hängen wie eingewoben in ein Netz miteinander zusammen. Sich daraus zu lösen erfordert eine tiefe innere Bewegung des Sich-Öffnens, des Trauerns und des Loslassens. Dabei haben Erfahrungen gezeigt: Eine Lösung ist nur möglich im Guten, über das Achten und Danken und das Beachten der Ordnungen der Liebe, wie sie am Ende von Teil 3 beschrieben wurden. Sich gewaltsam aus den Bindungen der Familie zu lösen, bringt keine wirkliche Befreiung. Im Gegenteil, es richtet viel Unheil an, oft zeitlich verzögert und in einem ganz anderen Zusammenhang, z. B. in der eigenen Partnerschaft.

Wenn Sie Hilfe von außen suchen, dann ist es nicht ganz einfach herauszufinden, wer diese Hilfe zu geben imstande ist. Es empfiehlt sich, sorgsam zu prüfen, wie eine gemeinsame Arbeit aussehen soll. Es ist unbedingt notwendig – im wörtlichen Sinn –, den Blick auf das gesamte Familiensystem zu richten und eine gute Lösung für das ganze Familiensystem zu suchen. Nach meinen Erfahrungen sind das systemische Arbeiten und das Familienstellen nach Bert Hellinger besonders Erfolg versprechend. Sowohl in der Praxis als auch in einem Seminar kann mit Einzelnen und Paaren mit Hilfe einer Aufstellung nach dem gesucht werden, was hindert und einengt und was entlastet und weiterführt.

In der Praxis wird ein System sichtbar und fühlbar z. B. mit Hilfe von Bodenankern. Bei Seminaren geschieht dies mit Stellvertretern für verschiedene Personen des Systems. Es ist wichtig, dass zusammenhängend über mehrere Tage mit einer festen Gruppe gearbeitet wird. Die Gruppe trägt viel, und der innere Prozess kann längere Zeit begleitet werden. So werden nicht selten überraschende Schritte von ganz besonderer Qualität möglich.

Obwohl das Familienstellen die Grundlage für viele unserer Erkenntnisse ist, wird es hier nur in Ausschnitten und nicht zusammenhängend beschrieben. Es gibt dazu bereits eine Fülle von Literatur, u.a. auch im Herder-Verlag.

Das „klassische“ Vorgehen, wie es Bert Hellinger in den 90er Jahren praktiziert hat, ist für Brave Töchter geeigneter, als die Arbeit mit den „Bewegungen der Seele“, bei der sich die Stellvertreter frei im Raum nach ihren inneren Impulsen bewegen und fast nichts gesprochen und erklärt wird. Durch das schrittweise, nachvollziehbare Vorgehen fühlt sich eine Brave Tochter in ihrer Kindheitssituation verstanden und findet Zugang zu ihrer schwachen, bedürftigen Seite. Das Bild der geordneten Familie, die vollzogenen Rituale und die ausgesprochenen ordnenden und lösenden Sätze helfen ihr, endlich ihren Platz als Kind einzunehmen, auf eine kindgerechte und für sie gute Weise, und das ist wiederum die Voraussetzung dafür, dass sie ihr Verhalten als Brave Tochter ablegen kann.

Andere Methoden und Therapieformen zu bewerten, darauf möchte ich hier verzichten. In jedem Fall ist es wichtig, genau hinzuschauen, was jeweils angeboten wird – es handelt sich ja um eine Dienstleistung. Welcher berufliche Hintergrund ist vorhanden? Um was soll es im Detail gehen und mit welchen Methoden? Stimmt die „Chemie“? Es ist wichtig, sehr auf das eigene Gefühl zu achten. Meistens ist dieses verlässlich und eine gute Entscheidungsgrundlage.

„Was alles ist in meiner Herkunftsfamilie passiert?“ – der Blick auf die eigenen Wurzeln

Die Beschäftigung mit den eigenen Wurzeln kann viel Unheil beenden, wenn sie achtsam und respektvoll geschieht. Wenn dann – oft unter Mühen und Schmerzen – Altes weggelegt wird, kann Neues wachsen. Viele Brave Töchter sind verstrickt in ihr Familiensystem. In Teil 3 wurden die drei typischen Grundmuster beschrieben. Wie eine Lösung aus der Verstrickung vorbereitet werden kann, wenn die Geschichte der eigenen Familie in den Blick genommen wird, das möchte ich Ihnen an zwei Beispielen verdeutlichen.

Bei Frau S. war es daheim oft schwierig. Es gab häufig Streit bei den Eltern. Der Vater des Vaters, also ihr Großvater, hatte seine Familie früh verlassen wegen einer anderen Frau, die von ihm schwanger wurde. Der Vater von Frau S. konnte daher nicht mit seinem Vater aufwachsen und war wenig belastbar. So musste seine Frau vieles alleine bewältigen. Frau S. sprang in die Bresche und übernahm von klein an Verantwortung.

Vielen Braven Töchtern geht es in der Kindheit ähnlich wie Frau S.: Sie spüren irgend etwas, bekommen auch das eine oder andere aus der Familiengeschichte am Rande mit, doch sie können das alles letztlich nicht verstehen und einordnen. Besonders die schmerzlichen und die schuld- und schambesetzten Ereignisse werden von dem Kind ferngehalten. Schon allein durch das Kennenlernen des familiären Hintergrundes erscheinen dem erwachsenen Kind die Eltern in einem ganz anderen Licht, wie auf einem Bild, auf dem hinter ihnen die Vorfahren mit ihren Schicksalen stehen. Es bekommt eine erste Ahnung davon, was alles die Eltern beeinflusst hat und wie alles zusammenhängt. Es „macht" etwas mit einer Enkelin, wenn sie wie in diesem Beispiel hört, dass ihr Großvater wegen einer anderen Frau, die ein Kind von ihm erwartete, die Großmutter verlassen hat, und wenn ihr dann bewusst wird, dass ihrem Vater sein Vater sicher sehr gefehlt hat.

Frau L. berichtete von einer harmonischen Kindheit. Als sie 18 Jahre alt war, starb ihre Mutter nach einem einjährigen, schweren Leiden mit mehreren Klinikaufenthalten mit 38 Jahren an Krebs. Es stellte sich heraus, dass der Vater der Mutter ebenfalls mit 38 Jahren an Krebs gestorben war – die Mutter von Frau L. war damals 16 Jahre alt. Nach dem Tod ihres Mannes hatte die Großmutter nicht nur ihre drei Kinder, sondern auch noch eine Landwirtschaft zu versorgen.

Es ist klar, schwer hatte es der Großvater, der seine Familie so früh zurücklassen musste, schwer hatte es die Großmutter, die dann so viel alleine zu tragen hatte, schwer hatten es die Kinder, denn es gab ja seit dem Tod des Vaters eine große Lücke in der Familie. Die Mutter von Frau L. wollte es ihrer Mutter so leicht wie irgend möglich machen. Das setzte sich dann fort, was auch nahe liegend ist: Auch Frau L. wurde eine Brave Tochter, um ihre Mutter zu unterstützen, die es so schwer gehabt hatte.

In einer Aufstellung in der Praxis wurden die Schicksale der einzelnen Familienmitglieder und die daraus resultierenden Folgen in den Blick genommen. Frau L. gewann ein ganz neues Bild von ihrer Herkunftsfamilie und konnte sehen, was alles auf sie wirkte und dass sie letztlich ihrer Mutter die Lasten nicht abnehmen konnte.

Zahlreiche Familienschicksale haben mit Ereignissen während des Zweiten Weltkrieges zu tun. Da auch bei vielen Braven Töchtern wichtige Wurzeln ihres Lebens aus dieser Zeit stammen, möchte ich Ihnen diese Zusammenhänge in einem speziellen Kapitel erläutern.

„Es war Krieg" – alle gehören mit ihren Schicksalen dazu

Der zweite Weltkrieg und die Zeit des Nationalsozialismus sind in ihren Auswirkungen in vielen Familien bis heute gewichtig, denn die Ereignisse von damals wirken belastend und hemmend bis in die Gegenwart. Ehemänner, Söhne und Väter, die als Soldaten gefallen sind, Täter und Opfer, verstorbene Zivilisten, Männer und Frauen, Opfer von Gewalt und Terror, Soldaten, die den Krieg überlebt haben mit Verwundungen an Körper und Seele, Frauen mit schlimmen Schicksalen, deren Kinder umgekommen sind, die ihre Heimat verlassen mussten unter schrecklichen Bedingungen wie Vergewaltigung und Bombenhagel, Menschen mit schweren Krankheiten und schweren Verlusten…

Die Liste schlimmer Familienereignisse, die es in dieser Zeit gab, ist sehr, sehr lang. Und dennoch, an all dem, was war, ist nichts zu ändern. Oft wurden diese Ereignisse totgeschwiegen, die Erinnerung war zu schmerzlich. Nach dem Krieg ging es für viele um das nackte Überleben und dann um den Wiederaufbau. Für das Leiden und Leid der Kriegsjahre war kein Platz. Es wurde verdrängt oder abgespalten. Doch was war, wirkt weiter, über mehrere Generationen, und immer wieder tragen Nachkommen an den Schicksalen oder der Schuld von Vorfahren, wie z. B. Frau E.:

Zwischen ihren Eltern gab es häufig Streit. Ihre Mutter war ein Einzelkind. Der Vater der Mutter war fünf Jahre lang in einem Konzentrationslager, weil er als Gewerkschaftler aktiv gegen die Nazis war. Der Vater des Vaters war bei der SS.

Die Mutter von Frau E. war noch immer geprägt vom Schicksal ihres Vaters. Frau E. selber stand innerlich auf ihrer Seite. Zum Vater hatte sie ein angespanntes Verhältnis. Er grenzte sich ihrer Meinung nach nicht genug von seinem eigenen Vater mit seiner SS-Vergangenheit ab. Es ist leicht nachzuvollziehen, warum es zwischen den Eltern viele Spannungen gab und warum dann die Tochter versuchte, ihre Mutter zu stützen.

Um dieses Stützen abzulegen, war es in diesem speziellen Fall wichtig, beide Großväter in den Blick zu nehmen mit ihrem jeweils besonderen Schicksal. Egal, was sie getan haben oder was ihnen angetan wurde, wenn die Verstrickung zu Ende sein soll, müssen alle zur Familie dazugehören dürfen. Es ist so, wie es ist. Auch wenn der eine Großvater bei der SS war, darf er nicht ausgeklammert werden, sonst ist die Ordnung in der Familie gestört, und jemand anderes in der Familie macht sich möglicherweise ein schweres Schicksal. Zudem muss auch um diesen Großvater getrauert werden, wenn das Schwere ein Ende haben soll.

Frau E. nahm innerlich zu beiden Großvätern Kontakt auf. Sie verneigte sich vor dem Großvater mütterlicherseits mit seinem schweren Schicksal. Als sie dann noch den abgewerteten Großvater väterlicherseits ebenfalls als ihren Großvater angenommen hatte – wobei sie seine Schuld ganz bei ihm ließ –, fühlte sie sich enorm entlastet.

Durch solch ein Ritual geschieht im Wesentlichen zweierlei. In einem ersten Schritt wird das Abgespaltene, das Verdrängte und das Traumatische der Familiengeschichte in uns hineingenommen, integriert. Es gehört zu uns. Allem wird ein Platz in uns gegeben, aber nicht im Sinne von Mittragen, denn uns als Nachgeborenen steht das Mittragen, Sühnen und Urteilen nicht zu. Andernfalls würden wir uns in etwas einmischen, das zu groß ist für uns.

So kann sich in einem zweiten Schritt lösen, was auf der Seele lastet. Erst wenn wir all das Schwere mit einer Haltung der Achtsamkeit bei denen lassen, die es direkt erlitten oder auch verschuldet haben, sind wir selber entlastet. Wir geben dann gleichsam unsere Lasten, die uns hemmen und unser Leben schwer machen, an die ab, zu denen sie eigentlich gehören. Dann müssen wir nicht mehr an etwas tragen, das nicht zu uns gehört und oft gar nicht genau bekannt ist. Dann müssen wir uns nicht mehr schuldig fühlen, sondern haben innerlich die Erlaubnis und den Auftrag, dafür zu sorgen, dass es gut weitergeht. Und dann kann es auch gut weitergehen. Denn auch wenn wir es uns gut gehen lassen, bleiben wir dennoch zugehörig und verbunden. Kürzer ausgedrückt: Wenn wir uns mit Trauer vor der Wirklichkeit verneigen, dann gibt sie uns frei. Dann lösen sich die Verstrickungen.

„Es darf gut weitergehen" – wie uns das Schwere frei gibt

Mit allem, was war, was die Eltern, Geschwister, Tanten und Onkel, Großeltern und andere erlitten haben und zum Teil auch verschuldet haben, gut umgehen zu lernen, das erfordert offene Augen, offene Ohren und ein offenes Herz. Dabei ist es nötig, auf Moral ganz zu verzichten, was im Angesicht von schrecklichen Verbrechen und unsagbarem Leid vollkommen ungewohnt und daher nicht immer einfach ist. Es ist leichter zu urteilen, als sich diesen Familienschicksalen zu stellen und achtsam mit ihnen umgehen zu lernen. In der Tat ist es gewöhnungsbedürftig, ganz auf das Urteilen zu verzichten. Doch in der Arbeit mit Opfer- und Täterfamilien zeigt sich immer wieder, dass dadurch die Nachgeborenen entlastet werden.

Nicht moralisch zu urteilen wird häufig als unmoralisch bewertet. Dieses Urteilen zu lassen heißt jedoch nicht, das, was geschehen ist, zu entschuldigen oder zu verharmlosen. Im Gegenteil, es heißt, sich dem mit seiner ganzen Wucht zu stellen und dabei ganz in der eigenen Kraft zu bleiben, um sich nicht zu verlieren. Wer sich hingegen anmaßt zu urteilen, fühlt sich als besser und stellt sich damit sowohl über die Täter als auch über die Opfer. Dadurch verliert er den Zugang zu ihnen.

Den Opfern hilft es nicht, wenn durch das Verurteilen der Täter das Trennende betont wird. Das Heilende ist, sich vor dem Schicksal der Opfer zu verneigen, ihr Leid zu sehen, ihnen ihre Würde zu geben, indem in schlichten Worten benannt wird, welches Unrecht geschehen ist.

Bezogen auf die Täter ist es ebenfalls wichtig, das Verbindende und das Heilende zu tun. Das Leben von Tätern ist durch ihre Taten belastet, ob sie dazu stehen oder nicht. Sie und auch ihre Nachgeborenen können nur zur Ruhe kommen, wenn ihre Schuld benannt und gesehen wird und wenn die Täter dennoch nicht aus der Familie und der Gemeinschaft aller Menschen ausgeschlossen werden. Auch sie gehören dazu und müssen dazugehören dürfen. Wenn das Ausschließen und Urteilen ein Ende hat, dann darf ein Kind seinen Vater auch dann lieb haben, wenn er im Extremfall ein Naziverbrecher war. Das Kind dankt seinem Vater dann für das Gute, was es von ihm bekommen hat, und lässt die Schuld ganz bei ihm.

Es ist ein Phänomen, das sich im Zusammenhang mit dieser Art zu arbeiten immer wieder zeigt: Wenn wir das Schwere in den Blick nehmen und niemand ausklammern, dann gibt uns das Schwere frei. Und wenn wir eine Person aus unserer Familie, die ausgestoßen war, innerlich aufnehmen, „in Liebe“, dann gibt diese Person uns frei, nach dem bekannten Satz: „Nur was wir lieben, gibt uns frei“. So können häufig – nicht immer – Verstrickungen gelöst werden. Ausnahmen gibt es z. B. bei Psychosen.

Zusammenfassend noch einmal die Erfahrungen, die aus der Arbeit mit diesen Themen gewonnen wurden: Es ist nötig, auf die Opfer und die Täter zu schauen und die Wirklichkeit anzuerkennen. Es war schlimm, aber so war es. Es war Krieg. Damit wird das, was vorher ausgeklammert war, angenommen und darf dann zur Ruhe kommen. Dieses Annehmen ist oft harte Arbeit. Doch wenn es gelingt, dann wird es als ein großes Geschenk erlebt, weil sich das Lebensgefühl verbessert und die gesamte Lebenssituation entlastet wird.

„Jetzt sehe ich, was ihr tragt" – vom Achten und Würdigen

Schwere Schicksale gab es während des zweiten Weltkriegs in ungeheuer großer Zahl. Doch auch zu anderen Zeiten und in anderen Zusammenhängen wurden viele Familien von schweren Schicksalsschlägen getroffen. Egal aus welcher Zeit sie stammen, sie können sich im Leben eines Kindes so auswirken, dass sein Leben ganz wesentlich dadurch geprägt wird. Das habe ich Ihnen in dem Kapitel über die Kindheit Braver Töchter erläutert.

Viele Erwachsene haben sich ihre Mutter oder ihren Vater anders gewünscht, als sie waren. Das gilt auch für einen Teil der Braven Töchter. Sie konnten die Liebe ihrer Mutter oder ihres Vaters nicht so bekommen, wie sie es ersehnten, und machen deshalb ihrem Vater oder ihrer Mutter innerlich oder offen Vorwürfe, was er oder sie alles falsch gemacht hat. Diese Vorwürfe begleiten sie dann oft bis ins hohe Alter und sogar über den Tod der Eltern hinaus.

Wenn Erwachsene ihren Eltern Vorwürfe machen, wo sie als Eltern „versagt" haben, sich von ihren Eltern abwenden, sie verachten, schaden sie sich selber, auch wenn vieles tatsächlich schwer und schlimm war. Dafür gibt es einen ganz einfachen Grund: Wer seine Eltern verachtet, lehnt sich damit zugleich selber ab, denn jeder Mensch ist zu einem Teil sein Vater und zu einem Teil seine Mutter. Zudem stellt sich ein Kind, das seine Eltern verurteilt, über sie, es macht sie klein und sich selber groß.

Wenn es nun Vorwürfe gibt gegenüber dem eigenen Vater oder der eigenen Mutter und manchmal gegenüber beiden, dann ist es von zentraler Bedeutung, dass diese in Dankbarkeit und in Liebe verwandelt werden. Vorwürfe binden auf eine ungute Weise und machen unglücklich, während Dankbarkeit entlastet und befreit. Daher löst sich bei Menschen mit solchen Vorwürfen ganz viel, wenn es gelingt, die Eltern achten zu lernen, sich vor ihnen innerlich zu verneigen und ihnen von Herzen zu danken.

Frau V. hat ein gespanntes Verhältnis zu ihrer alkoholkranken Mutter, die alleine lebt und oft so unzufrieden ist und für die sie immer viel getan hat. Die Mutter der Mutter und zwei ihrer Kinder sind bei einem Fliegerangriff in einem Luftschutzkeller erstickt, überlebt hat dabei als einziges Kind nur die Mutter von Frau V. Zwischen Frau V. und ihrem Mann gibt es ebenfalls viele Spannungen. Ihre Ehe ist dadurch schwierig, dass die Schwiegermutter mit in ihrem Haushalt lebt und ihr Verhältnis zu ihrer Schwiegermutter ebenfalls sehr belastet und angespannt ist. Sie sei eine sehr schwierige Frau. Durch Befragen kam ans Licht: Einer ihrer Brüder ist durch einen tragischen, schuldhaften Unfall im Alter von sechs Jahren ums Leben gekommen.

Frau V. konnte ihre Mutter nicht achten. Sie hätte sich ihre Mutter anders gewünscht. Sie hatte sich oft nicht als Kind, sondern eher als Mutter ihrer Mutter gefühlt. Nachdem Frau V. die schweren Schicksale in der Familie ihrer Mutter sehen lernte, die auf ihrer Mutter lasteten, begriff sie, weshalb diese so wenig für sie als Kind da sein konnte und weshalb sie selber so viel brauchte.

Sie nahm dann noch die Schicksale auf der Seite ihres Mannes in den Blick und würdigte sie. In der Folge konnte sie zu ihrer Mutter, zu ihrem Mann und zu ihrer Schwiegermutter viel wohlwollender sein als bisher. Einige Wochen später berichtete sie, mit der Mutter und mit der Schwiegermutter sei es viel leichter geworden, und ihr Mann sei so freundlich und ihr zugewandt. Es sei richtig schön mit ihm.

Dass zu dem Herkunftssystem hin das in Ordnung gebracht wird, was in Unordnung war, das ist die grundlegende Voraussetzung dafür, dass sich eine verstrickte Brave Tochter zu einer freien, selbstbewussten Frau entwickeln kann. Wenn die Schicksale der Vorfahren in den Blick kommen und wenn die Eltern dadurch groß werden im Sinne von: „Alle Achtung, was sie getragen haben“, dann kann es gelingen, die Vorwürfe an die Eltern zu lassen. Dann ist nicht mehr wichtig, was sie alles versäumt und falsch gemacht haben und dass sie anscheinend nie für das Kind da waren. Dann kann eine Brave Tochter glauben, dass die Eltern ihr das ihnen Mögliche gegeben haben, ihre 100 %, und kann für das danken, was sie bekommen hat. Und sie weiß plötzlich, dass die Eltern sie „eigentlich“ geliebt haben und sich ihr gerne deutlicher und liebevoller zugewandt hätten, wenn sie nicht durch ihr eigenes Schweres daran gehindert worden wären. Dann kann sie endlich als erwachsene Frau Frieden finden bezogen auf ihr Kindsein.

„Ich bin nur das Kind“ – vom Nehmen der Eltern

In unseren Seminaren und in Therapie und Beratung haben wir mit Menschen mit sehr unterschiedlichen Anliegen zu tun. Je länger wir diese Arbeit machen, desto mehr rückt für uns die Frage in den Blick: Wie hast du es mit deinem Vater, und wie hast du es mit deiner Mutter? Oft werden zunächst andere Themen genannt. Doch immer wieder stellte sich bei genauem Hinsehen heraus, dass verschiedenste Probleme ihre Wurzel in der Art der Beziehung zu den Eltern haben. Da gibt es eine Tiefendimension, die im Rahmen einer Therapie und eines Seminars in den Blick gehört, wenn nachhaltige Hilfe geschehen soll, denn hinter vielen Störungen steckt oft das Gefühl, den Vater oder die Mutter nicht richtig als Eltern „gehabt“ zu haben.

Dieses Gefühl kann auch bei Braven Töchtern entstehen, und zwar auch bei solchen, die keine Vorwurfshaltung haben, sondern innerlich sehr nahe bei ihrer Mutter oder ihrem Vater stehen. So war es bei Frau L., deren Mutter und deren Großvater an Krebs gestorben sind. Sie übernehmen für die Mutter oder den Vater oder für beide viel Verantwortung und können deshalb nicht richtig Kind sein. Das Mitleid, das Helfen und das Tragen haben ebenfalls zur Folge: Das Kind fühlt sich groß und wichtig, und der Vater oder die Mutter erscheinen aus dieser Haltung heraus als klein und schwach.

Um aber im späteren Leben nicht immer tüchtig sein zu müssen und sich trotzdem gut zu fühlen, ist es wichtig, als Kind gegenüber den Eltern klein zu werden und die Eltern als die „Großen" wahrzunehmen und anzuerkennen. Damit sich das Kind gut fühlt, muss es ein Gefälle von den Eltern zum Kind geben, das Kind muss „gesundschrumpfen". Es muss bereit sein, von den Eltern das zu nehmen, was sie ihm geben konnten, und es muss die Eltern als Eltern nehmen. Dadurch kann es sich selbst als das Kind spüren. Erst wenn das Kind nimmt und die Mutter und der Vater geben, geht das Geben und Nehmen in die richtige Richtung und nicht wie bei vielen Braven Töchtern in die falsche.

Eine Brave Tochter, die durch die Arbeit mit ihrer Herkunftsfamilie gegenüber ihren Eltern klein geworden ist und ihren Eltern gedankt hat, kann sich endlich als geliebtes Kind statt als Stütze der Eltern fühlen. Im Bewusstsein, dass ihre Eltern sie auf ihre Weise geliebt haben und ihr im Grunde alles gegeben haben, was sie braucht, muss sie in ihrem Erwachsenenleben nicht mehr die alten Gefühle und Verhaltensweisen der Kindheit reproduzieren und kann schrittweise ihre kindliche Bedürftigkeit ablegen. Sie muss dann nicht mehr an ihren Mann und ihre Kinder Erwartungen richten, die eigentlich den Eltern gelten. Sie muss sich auch nicht mehr übernehmen und es allen recht machen, nur um sich geliebt zu fühlen, und kann mehr bei sich selbst bleiben. Sie fühlt sich durch Kritik nicht mehr gänzlich in Frage gestellt; und ihr Selbstwert hängt nicht mehr so stark davon ab, dass sie gebraucht und von anderen bestätigt wird. Sie darf ihre eigenen Bedürfnisse wichtig nehmen und sich ohne Schuldgefühle ungeteilt ihrem eigenen Leben zuwenden, um so zu leben, wie sie es will. Am Ende ihres Lernweges ist sie dann eine erwachsene, selbstbewusste Frau, die gut für sich selber sorgen kann.

Die Eltern so nehmen zu lernen, wie sie waren oder sind, ohne Vorbehalt, das ist oft nicht einfach, wenn sich viel Schweres aufgehäuft hat, etwa durch Schläge oder Vernachlässigung. Der Vorgang des Nehmens ist dann oft sehr schwer und erfordert viel Demut. Andererseits: Die Eltern haben dem Kind das Größte gegeben, was es gibt – das Leben. Anzunehmen, wie meine Eltern waren, dass ich diese und keine anderen Eltern habe, dass sie für mich die „Richtigen" sind, das ist das, was das Kind frei macht – alles andere hat oft schlimme Folgen. Letztlich geht es bei dieser Arbeit oft darum, sich von dem Vater und der Mutter mit Liebe lösen zu lernen. Denn immer wieder zeigt sich: Individuation kann nur gelingen, wenn das Nehmen der Eltern gelingt; nur so wird es möglich, ungeteilt sein Eigenes zu leben.

„Ich kann es auch nicht besser als du" – vom Gesundschrumpfen

Bei Frau Z. handelt sich um eine Frau, die voll von Vorwürfen gegenüber ihrem Vater war, während die Mutter ihr Leid getan hat.

Sie ist 35 Jahre alt und Single. Sie hat mehrere kürzere Beziehungen hinter sich; die letzte mit einem zehn Jahre älteren Mann ging auseinander, weil der Mann gerne Kinder wollte und Frau Z. sich das nicht vorstellen konnte, jedenfalls jetzt noch nicht. Sie hat, sagt sie, sowieso Angst, sich fest zu binden, obwohl sie sich eigentlich nach einer dauerhaften Beziehung sehnt. Außerdem berichtet sie von phasenweise auftretenden Depressionen.

Es war ihr klar geworden, dass ihre aktuellen Probleme mit der Situation in ihrer Herkunftsfamilie zu tun hatten. Weil sie lernen wollte, dauerhaft in einer Paarbeziehung zu leben, hatte sie sich zu einem Seminar angemeldet. Zur Herkunftsfamilie von Frau Z.:

Die Eltern leben zusammen. Sie hat noch eine zwei Jahre ältere Schwester, die ebenfalls Single ist. Die Ehe der Eltern ist durch viele Außenbeziehungen des Vaters sehr belastet, Scheidung war immer wieder ein Thema. Der Vater war noch kurz vor dem Mauerbau aus der früheren DDR alleine in den Westen gekommen.

Als junge Frau verlor ihre Mutter durch einen Autounfall ihren Verlobten. Der Großvater der Mutter war bei einem Grubenunglück kurz nach dem Krieg ebenfalls ums Leben gekommen; die Mutter der Mutter war damals 18 Jahre alt. Sie hatte seit der Geburt der Mutter von Frau Z. mit schweren Depressionen zu tun, so dass sie ihr Kind nicht selber versorgen konnte. Deshalb wuchs die Mutter von Frau Z. bei ihrer Oma auf, die ihren Mann ja durch das Grubenunglück verloren hatte.

Während der Arbeit zeigte sich: Die Mutter ist mit ihrem Herzen bei ihrem verunglückten Verlobten. Sie ist noch an ihn gebunden. Außerdem fühlt sie sich schwach, vermutlich auch deshalb, weil sie ihre leibliche Mutter nicht wirklich gehabt hat und der tragische Tod ihres Großvaters nachwirkt. Ihr Ehemann, der Vater von Frau Z., hatte keine Chance bei ihr, sie konnte ihm nicht wirklich Frau sein. Hinzu kommt seine eigene Geschichte als „Republik-Flüchtling", der auf sich allein gestellt hier im Westen bei Null anfangen musste. Vor diesem Hintergrund erscheinen seine vielen Außenbeziehungen in einem anderen Licht: Sie sind nicht das eigentliche Problem der Eltern, sondern eher Versuche ihres Vaters, ein für ihn bestehendes Problem zu lösen – er suchte Halt und fand ihn nicht, weder bei seiner Frau noch bei all den anderen.

Frau Z. hatte als Kind nur sehen können, dass es der Mutter schlecht ging, und sie meinte, der Vater sei daran schuld. Daher machte sie ihm Vorwürfe und ergriff Partei für die Mutter. Dabei sehnte sie sich gleichzeitig nach der Liebe des Vaters, der so sehr mit Eigenem beschäftigt war, dass er für seine Töchter nicht richtig Vater sein konnte.

Sie wurde zu den Vertretern der einzelnen Vorfahren hingeführt, um mit ihnen innerlich bewusst Kontakt aufzunehmen, sie zu würdigen und sich dann von ihnen zu verabschieden. Als sie dann gegenüber dem Stellvertreter des Vaters stand, wurde sie aufgefordert, vor ihm in die Kindposition zu gehen, also klein zu werden. Das geschah, indem sie vor ihm auf die Knie ging. Hinter ihrer Wut auf den Vater war die

Sehnsucht nach seiner Liebe und viel Trauer zu spüren, die sie auch jetzt noch als erwachsene Frau empfand. Diese Trauer kam zum Vorschein, als sie vor dem Vater klein wurde und ihm sagte, wie sehr sie sich nach seiner Liebe gesehnt habe und dass sie jetzt sehe, wie schwer er es hatte. Ihre Vorwürfe schmolzen dahin.

Vor der Stellvertreterin der Mutter kam noch einmal viel Trauer bei ihr hoch. Sie machte ihr zwar keine Vorwürfe, aber sie hätte so gerne eine starke, fröhliche Mutter gehabt; stattdessen hatte sie oft das Gefühl, sie müsste der Mutter zur Seite stehen. Durch die Aufstellung konnte sie spüren, wie sehr ihre Mutter belastet war und bis in die Gegenwart geprägt war durch den Tod ihres Verlobten und dass sie daher ihre Mutter nur begrenzt haben konnte. Sie lernte, sich mit dem Wenigen zufrieden zu geben. Nach der Aufstellung, nachdem sie das Trennende weggeräumt hatte und das Nehmen der Eltern vollzogen hatte, ging es ihr sehr gut.

Das Verhältnis zu den Eltern ist für viele so etwas wie das Eingangstor zum Paradies. Wenn wir alles, was wir bekommen haben und was wir nicht bekommen haben, so wie es war, nehmen können, dann haben Jahrzehnte der Abwehr, des Widerstandes, der Auflehnung und der Trennung ein Ende. Wenn so das Nehmen der Eltern gelingt, dann fühlt sich das eigene Leben um Welten leichter an. Dann verwandeln sich Vorwürfe, Mitleid und Bedürftigkeit gegenüber der Mutter oder dem Vater in ein tiefes Mitgefühl und eine Form von Liebe, die ich die „wissende Liebe“ nenne im Gegensatz zur nicht wissenden „blinden Liebe“. Gelingt es, blinde Liebe in wissende Liebe zu verwandeln, dann fühlt sich eine Brave Tochter manchmal wie neu geboren. Dann hat sie plötzlich das Empfinden: Ein neues Leben kann beginnen…

„Bitte willige ein, wenn ich es mir gut gehen lasse“ – die Arbeit mit Sätzen

Für die Arbeit mit Braven Töchtern in Seminaren und in der Einzelpraxis ist ein Ausschnitt der Aufstellungsarbeit besonders hilfreich und oft ganz zentral: die Arbeit mit Sätzen. Sie geschieht meist am Ende einer Aufstellung. Dazu werden der aufstellenden Person spezielle Sätze vorgeschlagen und von dieser, wenn es geht, nachgesprochen. Die Sätze sind an verschiedene Personen aus dem System gerichtet. Mit ihnen wird jeweils in einer ganz knappen Form eine wohlwollende Beziehung aufgenommen, wird die Wirklichkeit beschrieben, werden Gefühle und Bitten formuliert, wird eine gestörte Ordnung wieder hergestellt, wird u.a. Schuld benannt oder Bedauern ausgesprochen. Es wird dabei Achtung und Dank ausgedrückt, Schicksale werden gewürdigt, und auf das Urteilen wird ausdrücklich verzichtet. Was zentral wichtig ist: Diese Sätze – sofern es die „richtigen" sind – wirken ganz tief in der Seele und bringen oft ganz viel Entlastung, innere Ordnung und Kraft. Diesen speziellen Teil der Arbeit möchte ich nun an einem Beispiel beschreiben.

Frau M. war eine Brave Tochter, 50 Jahre alt, 25 Jahre lang verheiratet. Ihr Mann hatte sich vor vier Jahren von ihr getrennt, um mit einer jüngeren Frau zusammenzuleben. Sie berichtete, dies würde ihr bis heute zu schaffen machen. Es würde sie immer noch so in Beschlag nehmen, dass sie nicht zu ihrem Eigenen kommen würde. Sie wolle endlich ihr eigenes Leben leben lernen.

Ihr Vater hat sich von ihrer Mutter getrennt, als Frau M. 15 Jahre alt war. Ihr Verhältnis zur Mutter ist belastet. Der Vater von Frau M. wurde im Krieg stark verwundet und hatte dadurch bleibende gesundheitliche Schäden. Seine Mutter starb 1944 an Lungenentzündung. Als er vom Krieg zurückkam, war sein Vater ein zweites Mal verheiratet. Da das Zusammenleben mit der Stiefmutter nicht klappte, war er mit 22 Jahren auf sich allein gestellt. Er heiratete, doch diese Ehe dauerte nur kurze Zeit. In seiner zweiten Ehe gab es zwei Mädchen, Frau M. und eine jüngere Schwester.

Die Mutter musste durch Flucht ihre Heimat Schlesien verlassen. Die Eltern von Frau M. haben sich getrennt, als sie 15 Jahre alt war. Danach durfte sie ihren Vater nicht mehr sehen, er wurde von der Mutter totgeschwiegen. Ihre Mutter hatte vor der Ehe mit ihrem

Vater einen ersten Mann – ihre große Liebe. Er kam aus dem Krieg nicht zurück.

Nachdem die erste Frau des Vaters, der erste Mann der Mutter und alle vier Großeltern in den Blick genommen wurden und einen guten Platz bekommen hatten, stellte sich Frau M. selber an den Platz ihrer Stellvertreterin in der geordneten Aufstellung. Daraufhin sagte sie zum Schluss die folgenden Sätze zu den Vertretern ihrer Großeltern und ihrer Eltern:

Zu ihrem Großvater mütterlicherseits: *Lieber Opa, du bist mein Opa und du gehörst zu unserer Familie. Du hast der Mama sehr gefehlt. Bitte schau freundlich auf mich, deine Enkelin.*

Zu ihrer Großmutter mütterlicherseits: *Liebe Oma, du hattest es sehr schwer. Ohne Mann hast du deine Kinder großgezogen. Bitte schau freundlich auf mich, wenn ich es mir gut gehen lasse.*

Zu ihrer Großmutter väterlicherseits: *Liebe Oma, du bist viel zu früh gestorben. Ich verneige mich vor deinem Schicksal. Du hast dem Papa sehr gefehlt, als er verletzt aus dem Krieg zurückkam. Bitte sei freundlich, wenn ich nun mein eigenes Leben lebe.*

Zu ihrem Großvater väterlicherseits: *Lieber Opa, ich achte dich als meinen Opa. Du gehörst auch zu unserer Familie. Nach dem Krieg hattest du für deinen Sohn keinen Platz, das war schwer für euch beide. Ich gebe dir einen Platz in meinem Herzen. Bitte schau freundlich auf mich, wenn ich es mir gut gehen lasse.*

Dann zu ihrer Mutter: *Liebe Mama, du hast es sehr schwer gehabt in deinem Leben. Dein Vater hat dir gefehlt und dann auch dein erster Mann, der nicht mehr aus dem Krieg zurückkam. Auch war es ganz schlimm für dich, deine Heimat Schlesien zu verlassen.*

Nachdem Frau M. bestätigt hatte, dass sie versucht hatte, es ihrer Mutter leicht zu machen, wurde sie in der Weise in ihr Kindsein gegenüber ihrer Mutter geführt, dass sie vor der Vertreterin der Mutter auf die Knie ging: *Du bist die Große, ich die Kleine. Ich bin deine Tochter. Du darfst mich haben als dein Kind. Ich meinte, ich könnte es besser als du, aber ich kann es auch nicht besser. Auch meine Ehe ist gescheitert. Danke für all das Gute, was ich von dir bekommen habe. Danke für deine Liebe.*

Und nachdem sie bestätigt hatte, manchmal habe sie gedacht, sie wäre die bessere Frau für den Papa als die Mama: *Es tut mir Leid. Ich bin nur das Kind. Ich habe mich da eingemischt. Bitte schau freundlich auf mich, wenn ich es mir nun gut gehen lasse.*

Abschließend zu ihrem Vater: *Lieber Papa, du hattest es sehr schwer in deinem Leben. Ich wusste nicht, was mit dir los war. Ganz jung musstest du in den Krieg, danach kamst du mit der schweren Kriegsverletzung zurück, und deine Mutter war tot. Nach dem Krieg ist deine erste Ehe gescheitert. Du warst oft innerlich so weit weg, und ich habe mich doch so nach deiner Liebe gesehnt. Du hast mir sehr gefehlt, als du von uns weggegangen bist, und ich war wütend auf dich. Jetzt weiß ich, du hast mich auf deine Art und Weise geliebt. Bitte schau freundlich auf mich, deine Tochter. Ich mache nun etwas Gutes aus meinem Leben, dir zur Freude.*

Mit einer Steinübergabe an die Mutter wurde die Rückgabe ihrer Last vollzogen. Dieses Ritual bringt zum Ausdruck, es wird geachtet, was die Mutter zu tragen hatte. Mit Sätzen wie: „Niemand kann dir dein Schweres abnehmen“, kann es gelingen, dass sich das Kind von der Anmaßung verabschiedet, es könnte der Mutter durch das Mittragen das Leben leichter machen. Wie in Märchen haben Kinder ein magisches Denken und meinen, sie könnten ihre Mutter oder ihren Vater „erlösen“. Daher dieses Ritual, das dazu dient, sich von diesem magischen Denken bewusst zu verabschieden.

Es ist eine kraftvolle Intervention. Für viele ist es nicht nur hilfreich, die Steinübergabe real zu vollziehen, sondern auch, dieses Bild mitzunehmen und es sich immer wieder vor Augen zu führen, speziell bei Rückfällen, wenn das Schwere wieder wie gewohnt auf der Seele lastet. Es ist dann leichter, sich zu erinnern, dass es erlaubt ist, nicht mehr wie gewohnt mitzutragen, und dass dieses früher praktizierte Tragen niemand hilft und niemand gut tut.

Frau M. lernte u.a.: Sie hatte ihrem Vater zu Unrecht die Schuld dafür gegeben, dass es der Mutter so schlecht ging. Der eigentliche Grund war ja, dass sie die ganzen Jahre über mit ihrem verstorbenen ersten Mann verbunden war. Ihr wurde deutlich, wie sehr sie sich als Kind nach der Liebe ihres Vaters gesehnt hatte und wie sehr er, wie die Mutter, mit Eigenem beschäftigt war, so dass er seine Töchter weder richtig sehen noch für sie richtig da sein konnte. Hinter ihrer Wut auf den Vater kam ihre Trauer darüber zum Vorschein, wie schwer es für alle damals war. Nachdem sie dies alles erkannte und fühlte, konnte sie lernen, mit dem Wenigen zufrieden zu sein, was ihre Eltern ihr zu geben in der Lage waren.

Wenn es dem Vater oder der Mutter nicht gut ging oder nicht gut geht, dann lässt es sich das in Liebe verbundene Kind im Erwachsenenleben oft auch nicht gut gehen. Wie ich zu Beginn dieses 6. Teils erläutert habe, bekommen Brave Töchter meistens rasch negative Gefühle, wenn sie nicht mehr mittragen. Oft fühlen sie sich schuldig. Daher wird in dem Ritual mit den Sätzen mehrmals die Bitte formuliert, es sich gut gehen lassen zu dürfen. Das Muster, es sich nicht gut gehen zu lassen, aus Verbundenheit und Liebe, kann damit durchbrochen werden. Und wenn ein Kind zum Vater oder zur Mutter sagt: „Ich mache jetzt etwas Gutes aus meinem Leben, dir zur Freude“, dann bleibt es innerlich verbunden, auch wenn es sich besser gehen lässt, als es dem Vater oder der Mutter ging.

Es ist eine hohe Kunst, genau die passenden Sätze vorzuschlagen, und sie erfordert viel Erfahrung. Von Otto Brink stammt der Satz: Mit Worten kann man zaubern. Und es stimmt: Sind es die „richtigen“ Worte, und werden sie ganz von innen heraus gesprochen, dann geschehen oft überraschende und tief greifende Veränderungen. Manchmal ändert sich dann ganz viel innerhalb von Minuten. Manchmal kann es auch Wochen oder Monate dauern, bis das Neue ganz in der Seele ankommt.

„Bitte schaut freundlich auf mich"– vom Lassen der Eltern

Durch das Nehmen der Eltern ist auch dem Lassen der Eltern der Weg bereitet. Wenn einer Braven Tochter das Nehmen ganz gelungen ist, dann führt dies zu mehr Selbständigkeit und Abstand.

Die Beziehung zur Mutter oder dem Vater oder beiden wird oft sofort besser, sofern es vorher Probleme gab. Erinnern möchte ich an Frau B. mit ihrer alkoholkranken Mutter und ihrer belasteten Schwiegermutter. Es kann aber auch vorkommen, dass jemand nach einer solchen Arbeit klagt, es habe sich zur Mutter hin oder zum Vater hin nichts wesentlich verändert. Es sei immer noch schwer oder gar kaum zu ertragen.

Das Verhalten der Eltern gegenüber ihren Kindern ist ja davon geprägt, was sie in ihrem eigenen Lebensrucksack zu tragen haben. Die Art und Weise, wie die Eltern mit ihrem Schweren umgehen, wird natürlich nicht zwingend verändert, wenn sich in einer Beziehung eine Person verändert. Daher können Eltern trotzdem noch abweisend, ungerecht oder fordernd sein. In einer solchen Situation ist es wichtig, gegen alle Ablehnung am Nehmen festzuhalten. Wenn es schwer fällt, diese innere Bewegung durchzuhalten, hilft oft die Rückbesinnung auf das Achten weiter.

Parallel dazu ist zu lernen, in eine Erwachsenenposition zu gehen und das Lassen der Eltern zu üben. Dazu verhelfen folgende Sätze:

Liebe Mama, lieber Papa, ich sehe, wie schwer du an deinem Schicksal trägst. Ich habe die Art und Weise, wie du dein Schweres getragen hast, nicht geachtet, es tut mir Leid. In Zukunft achte ich dich, indem ich es ganz bei dir lasse, wenn du leidest. Bitte schau mich an und schau freundlich auf mich. Ich bin nur dein Kind. Niemand kann dir deine Lasten abnehmen. Bitte achte das, was ich geleistet habe und zu tragen habe. Ich bleibe dein Kind und du darfst mich haben als dein Kind.

Solche inneren Sätze können in der Seele entlastend wirken, und sie können Kraft oder Orientierung geben. Es wäre falsch, sie so zu den jeweiligen Personen direkt zu sprechen. Diese formelhaften Sätze würden eher Verwirrung stiften. Das Achten, Danken und Würdigen in ein Gespräch einfließen zu lassen, das kann sinnvoll sein. Manchmal bedarf es keiner Worte, und dennoch hat sich ganz viel verändert.

Trotz größerer innerer Distanz kann es passieren, dass bezogen auf die Mutter oder den Vater bei sich wiederholenden Szenen immer wieder alte Wunden aufbrechen. Dann ist es wichtig, sich selbst genau zu prüfen, ob wirklich alle Vorwürfe bis auf den Grund abgelegt und alle kindlichen Erwartungen aufgegeben wurden, ob es also wirklich gelungen ist, vor den Eltern klein zu werden als das Kind, das genug zum Leben bekommen hat. Wenn noch Vorwürfe und Erwartungen an die Eltern da sind, dann ist das ein Indiz dafür, dass dieser entscheidende Schritt, das Nehmen der Eltern als Eltern, noch nicht vollständig vollzogen wurde. Sofern es vorher viele Vorwürfe und Erwartungen gab, braucht es manchmal seine Zeit, bis diese ganz abgelegt werden können. Es kann ein mühsamer Lernprozess sein, wirklich dauerhaft mit dem zufrieden zu sein, was war und was ist. Immer wieder wurde uns berichtet, es sei dann hilfreich gewesen, sich die Bilder der Aufstellung und die gesprochenen Sätze immer wieder zu vergegenwärtigen.

Wenn eine Brave Tochter ganz das Kind ihrer Eltern geworden ist, dann wird es ihr gleichsam als Frucht dieses Kleinwerdens möglich, ihre einengenden Verhaltensmuster abzulegen und gegenüber den Eltern erwachsen zu werden und ihnen auch so zu begegnen. Wenn das Verhältnis sehr eng ist, kann das aber auch heißen, die Eltern nicht mehr so wie bisher wie Kinder zu umsorgen. Das scheint zunächst nur Erleichterung zu bringen, mehr Zeit, weniger Verantwortung und mehr Freiheit. Es erfordert aber auch einen Verzicht. Es bedeutet, Macht und Einfluss aus der Hand zu geben, vieles loszulassen und nicht mehr wie bisher eine Fülle von Aufgaben selbstverständlich zu übernehmen. „Schrumpfen" – das kann zu Gefühlen von Leere führen. Was ist denn dann noch die eigene Rolle, und wie kann sie konkret ausgefüllt werden? Es braucht Zeit, um diese neue Rolle einzuüben. Manche haben sich völlig umzustellen, was oft nicht einfach ist.

Immer wieder wird, besonders von Braven Töchtern, die Frage an uns gerichtet: Und was ist, wenn die Eltern auf Fürsorge angewiesen sind, wenn sie pflegebedürftig werden und wenn sie dann alles von mir als Kind erwarten? Dann ist es besonders wichtig, über das Nehmen der Eltern in die nun gewonnene Erwachsenenposition zu gehen und nur das zu tun und zu geben, was aus dieser Position heraus passt.

Zu meinen, als Kind hätte ich ungeteilt für die Eltern da zu sein, schafft Verwirrung, Stress und oft auch Unglück. Im Hintergrund wirkt dann immer noch die Vorstellung, ich als Kind könnte den Eltern ihr Altwerden und ihr Alleinsein abnehmen, ihre Gebrechlichkeit aufheben, und ich müsste für sie jetzt da sein wie eine Mutter für ihre Kinder. Als Kind brauche ich das nicht, und es ist nicht möglich. Wird den Eltern das alles zugemutet, dann gibt ihnen das ihre Würde. Als innere Haltung wäre dann hilfreich: „Ja Mama, es ist schlimm. Du hast schwer zu tragen an deinem Altwerden. Doch ich kann es dir nicht abnehmen."

Das Lassen ist in einer solchen Situation mit der Fürsorge in Balance zu bringen. Das ist für Brave Töchter nicht einfach. Es gelingt umso besser, je mehr äußerlich und innerlich Eigenständigkeit und Selbstständigkeit erreicht wurden. Oft ändert sich dadurch auch das Verhalten der Eltern, manchmal auch nicht. Fordern die Eltern mehr, als das Kind geben kann, dann ist das Lassen der Eltern einzuüben, und dann bleibt das Lassen der Eltern eine Geduldsübung, die viel Kraft kostet und – um inneren Abstand zu halten – viel Selbstdisziplin erfordert.

Wenn beides, das Nehmen und das Lassen der Eltern, als innere Bewegung wirklich vollzogen wurde, können – so hat sich häufig gezeigt – ganz schwierige Eltern-Kind-Beziehungen leicht werden.

„Ich bin nur Deine Frau" – von der Liebe, die schwach macht, zur Liebe, die stark macht

Mit den eigenen Eltern im Einklang, „versöhnt" zu sein, sie als Kraft hinter sich zu spüren, das ist die Voraussetzung für das Gelingen dauerhafter Paarbeziehungen. Speziell ist es wichtig, dass der Mann seinen Vater und die Frau ihre Mutter hinter sich hat, denn die weibliche Kraft kommt nur von der Mutter, und die männliche nur vom Vater. Wenn die Frau innerlich näher beim Vater steht, oft gekoppelt mit einem gespannten Verhältnis zur Mutter, ist sie nicht ganz frei für einen „neuen" Mann. Und ein Mann, der innerlich näher bei seiner Mutter steht, ist nicht wirklich frei für eine „neue" Frau. Beziehungen von Dauer entstehen erst gar nicht, oder sie sind belastet aufgrund der alten Bindungen und kindlichen Bedürfnisse, die in die Partnerschaft hinein wirken.

Eine gute Ablösung von beiden Eltern ist also die Voraussetzung zu einer glücklichen Paarbeziehung und der Fähigkeit, sein eigenes Leben zu leben. In diesem Zusammenhang möchte ich an das Beispiel von Bettina und Paul erinnern. Zu Beginn ihrer Beziehung fühlten sich Bettina und Paul gut. Das Nehmen und Geben war im Fluss. Sie waren glücklich miteinander. In der Krise konnten sie sich dann nur noch wenig als Paar erleben. Bettina sorgte für Paul wie eine Mutter, das hatte sie ja von klein auf gelernt. Zudem war sie bedürftig wie eine Tochter. So gerne hätte sie Paul wie einen Vater erlebt, der immer für sie da ist. Mit ihrer zugleich mütterlichen und kindlichen Liebe konnte sie ihrem Mann Paul nicht wirklich als Frau begegnen.

Bei Paul hat diese Dynamik ihre Entsprechung: Wirklich gut konnte er sich erst fühlen, als er weder der bedürftige Sohn noch der beschützende Vater für Bettina war, sondern ungeteilt ihr Mann sein konnte und sein durfte. Um das, was bei Bettina und Paul aus dem Lot geraten ist, wieder ins Gleichgewicht zu bringen, können folgende Sätze ordnend und klärend wirken:

Bettina: *Lieber Paul, danke für alles, was ich Gutes von dir bekommen habe. Es ist eine Menge. Ich bin weder deine Mutter, noch bin ich deine Tochter. Ich bin nur deine Frau. Und du bist weder mein Sohn noch mein Vater, sondern nur mein Mann. Das ist genug.*

Entsprechend Paul: *Liebe Bettina, danke für alles, was ich Gutes von dir bekommen habe. Es ist eine Menge. Ich bin weder dein Vater, noch bin ich dein Sohn. Ich bin nur dein Mann. Und du bist weder meine Mutter noch meine Tochter, sondern nur meine Frau. Das ist genug.*

Diese Sätze verweisen beide auf das Wichtigste ihrer Beziehung: auf ihr Paarsein. Bezogen auf Paul gilt für Bettina: Das Muttersein und das Tochtersein auf der einen Seite und das Frausein auf der anderen Seite schließen sich gegenseitig aus. Stark wird eine Partnerschaft, und das auch bei großen äußeren Belastungen, wenn jeder für sich steht und stehen kann und wenn weder das Tragen noch das Getragenwerden zentral ist. Speziell Brave Töchter sind zwar sehr tüchtig und haben viel Kraft, doch was ihnen häufig fehlt, ist, sich ganz in ihrer Kraft als Frau zu fühlen.

Sich gegenseitig als Mann und Frau zu nehmen – analog dem Nehmen der Eltern – kann gelingen, wenn beide den Rücken frei haben zum eigenen Herkunftssystem, wenn beide auf eine gute Weise mit ihren familiären Wurzeln verbunden sind und ihnen dadurch Kraft zufließt. Denn die Grundlage von Glück und Erfüllung in einer Paarbeziehung ist letztlich nicht die Liebe, sondern dahinter gibt es etwas, das die dauerhafte Liebe erst ermöglicht – die Ordnung im Familiensystem. Dazu ein kurzes Beispiel:

Frau K. kam wegen Paarproblemen zu uns. Es stellte sich heraus, dass sie ohne Vater aufgewachsen ist; der war schon vor ihrer Geburt nach Südamerika ausgewandert. Als sie ihren verlorenen Vater bei einer Aufstellung und dann ganz real wieder gefunden hatte, berichtete sie einige Zeit nach dem Seminar, ihre Probleme mit ihrem Mann seien wie weggeblasen.

Da sich diese Verflechtungen immer wieder als so wichtig erweisen, fasse ich zusammen: Wenn Eltern äußerlich oder innerlich nicht ganz da sind, können Kinder nicht richtig Kind sein. Sie spüren, dass die Eltern bedürftig sind, und versuchen aus Liebe, sie zu stützen. Als Erwachsene werden sie oft das Gefühl nicht los, nicht genug von ihrem Vater oder ihrer Mutter bekommen zu haben, und machen diesen real oder innerlich Vorwürfe. Sie bleiben dadurch in kindlicher Weise an ihre Eltern gebunden und sind nicht wirklich frei für eine Partnerschaft. Oft fließen dann die ungestillten kindlichen Bedürfnisse in die Partnerschaft hinein. Der Partner oder die Partnerin sind damit auf die Dauer überfordert.

„Nur" Mann und Frau zu sein entlastet eine Beziehung. Erst dann kann sich die Form von Liebe entwickeln, die stark macht und die auch ein gemeinsames Tragen aller Belastungen ermöglicht. Wenn Paare es außerdem noch schaffen, Krisen als Chancen zu Wachstum zu erkennen, und wenn sie daran als Einzelne und als Paar wachsen, dann können sie sich als Paar weiterentwickeln. Für ein dauerhaftes Gelingen ihrer Liebe haben sie dann die besten Chancen, die es für sie überhaupt geben kann.

„Ich bin frei für mein Eigenes" – das Ziel aller therapeutischen Arbeit

Im Einklang sein mit sich selbst, glücklich sein in Partnerschaft und Familie, erfolgreich sein im Beruf – wer möchte das nicht? Doch oft verhindern Lasten aus der Vergangenheit ein leichtes und glückliches Leben. Ereignisse der Familiengeschichte und Verstrickungen im Familiensystem haben weit reichende Auswirkungen auf nachfolgende Generationen. Sie wirken ganz in der Tiefe. Krankheiten, massive Störungen bei einem Kind, berufliche Probleme, Ehe- und Paarkonflikte, das Scheitern von Beziehungen und viele andere Dynamiken können die Folge sein.

Wir sind viel stärker, als wir es wahrhaben wollen, von unseren Wurzeln abhängig und in Liebe, oft in tragischer Liebe, mit allen anderen im System verbunden. Es ist klar, ohne Wurzeln gibt es kein Wachstum. Es ist wenig sinnvoll, sich gegen diese einfache Erkenntnis abzumühen. Wir fühlen uns entlastet und können unseren eigenen, besonderen Weg erst dann gehen, wenn die Bindung an die Herkunftsfamilie anerkannt und die Beziehung zu allen wichtigen Personen aus dem System der Familie gut ist. Dann spüren wir die Kraft unserer Eltern und unserer Herkunftsfamilie im Rücken.

Krisen und Krankheiten sind häufig ein Hinweis darauf, dass die Ordnung gestört ist. Dann ist es oft sehr hilfreich, nach den Ursachen der Störungen und nach möglichen Verstrickungen zu schauen. Braven Töchtern und auch Braven Söhnen kann in einem solchen Fall nur ans Herz gelegt werden, sich nicht jahrelang abzumühen und schwere Lasten zu schleppen und nicht an der Meinung festzuhalten: „Wenn ich mir Mühe gebe, dann wird das schon wieder gut werden". Sinnvoller ist es, unter Anleitung in der Seele und im praktischen Lebensvollzug nachzuforschen, was in der Familie wirkt und welche Schritte getan werden können.

Wie Brave Töchter sich von dem, was lastet und hindert, in guter Weise verabschieden können und wie dadurch das eigene Leben besser gelingen kann, das ist, so hoffe ich, deutlich geworden. Wir haben verschiedene Blickrichtungen und Ansatzmöglichkeiten vor allem zu den Eltern hin und auf der Paarebene beschrieben. Nicht ohne Grund haben wir den Begriff des Brave-Tochter-Syndroms verwendet. Das in der Kindheit entwickelte Verhalten ist in der Regel sehr stabil. Es ist nicht so leicht, es endgültig loszuwerden. Es ist gleichsam zur „ersten" Natur geworden – nicht nur zur zweiten. Neues Verhalten muss mühsam eingeübt werden. Wie soll eine Brave Tochter z. B. spielen, wenn sie es nie gelernt hat?

Die tägliche Übung für Brave Töchter bleibt: sich immer wieder von den alten Verhaltensmustern und hinderlichen Gefühlen zu verabschieden und Neues einzuüben. Wir nennen es etwas provozierend: Das „Erwachsenwerden" braucht seine Zeit. Auch bei einer 70-jährigen Frau kann dies noch ein Thema sein. Es kann dauern und fällt nicht automatisch in den Schoß. Unser Hinweis, das Erwachsenwerden sei noch zu üben, weckt meist verständnisvolles Schmunzeln in Verbindung mit dem Hinweis, wir hätten diesbezüglich auch noch häufig zu üben.

Ähnlich, wie es zwischen zwei Partnern hilfreich ist, wenn jeder lernt, ganz bei sich zu sein und zu bleiben, ist es auch zwischen Eltern und Kindern. Fragt man eine Mutter, die sich viel um das Wohl ihrer erwachsenen Kinder sorgt, was sie sich ganz tief in der Seele für diese Kinder wünscht, dann kommt häufig als Antwort: Sie wünscht sich von Herzen, dass es den Kindern gut geht. Folgern lässt sich daraus für die Kinder der Auftrag, es sich gut gehen zu lassen, wenn sie es ihrer Mutter leicht machen wollen. Bezogen auf den Vater gilt dasselbe.

Wenn umgekehrt die Kinder gefragt werden, was sie sich tief in ihrem Innern für die Eltern wünschen, dann formulieren auch sie den Wunsch, dass es den Eltern gut gehen möge. Daraus folgt: Wenn Eltern etwas besonders Gutes für ihre Kinder tun wollen, dann sollten sie vorrangig darauf achten, dass es ihnen selber gut geht, und dafür sollten sie auch viel tun, denn viele Kinder ersehnen nichts mehr als ausgeglichene und zufriedene Eltern. Nach meiner Erfahrung ist die Zufriedenheit der Eltern der wichtigste Beitrag, den sie für das Glück ihrer Kinder leisten können. Leider wissen das viele Eltern nicht, und so rackern sie sich bezogen auf ihre Kinder ab, anstatt sich selber wichtig zu nehmen. Gut für sich selber zu sorgen, das hat nichts mit Egoismus zu tun, sondern mit Liebe und Weisheit.

Für Brave Töchter gilt: Glücklich sein, ohne viel zu leisten, sich spüren ohne Anerkennung von außen, eigene Interessen und Freuden entwickeln und spielen, das geht alles nicht von heute auf morgen. Doch wenn Sie aus innerem Antrieb dieses für Sie neuartige Leben erlernen wollen und wenn Sie ihr Ziel klar im Blick haben, dann sind überraschend viele kleine und große Siege möglich. Zu den Eltern hin ereignen sich positive Veränderungen oft überraschend schnell. Zum Partner und zu sich selbst hin erleben Sie es wohl eher wie das Bauen eines Hauses. Frau kann nicht gleich zu Beginn in ein neues, fertig möbliertes Haus einziehen.

Da viele fälschlicherweise meinen, sie müssten, um auf ihrem Lebensweg voranzukommen, all die schweren Ereignisse „durcharbeiten“, möchte ich diesem Denken ein zweites Bild entgegenhalten: Wenn Sie die „richtigen“ Weichen stellen und dadurch dann auf dem „richtigen“ Gleis fahren, dann wartet auf Sie eine manchmal anstrengende, manchmal angenehme, auf jeden Fall spannende Reise durch eine neue, wunderschöne Welt. Auf dieser Ihrer Lebensfahrt wünschen wir Ihnen viel Freude, Glück und Erfüllung.

Literaturhinweise

Brink, Otto: Spielregeln der Partnerschaft. Freiburg 2001

Glöckner, Angelika: Lieber Vater, liebe Mutter…
Sich von den Schatten der Kindheit befreien. Freiburg 2000

Gray, John: Männer sind anders. Frauen auch. Männer sind vom Mars. Frauen von der Venus. München 1998

Kingston, Karen: Feng Shui gegen das Gerümpel des Alltags. Richtig ausmisten – gerümpelfrei bleiben. Reinbek 2000

Reddemann, Luise : Eine Reise von 1.000 Meilen beginnt mit dem ersten Schritt. Seelische Kräfte entwickeln und fördern. Freiburg 2004

Ulsamer, Bertold: Ohne Wurzeln keine Flügel. Die systemische Therapie von Bert Hellinger. München 1999

Texte zum Familienstellen sowie Informationen zu Seminaren und Vorträgen finden Sie im Internet unter:
www.manfred-scherrmann.de

Kontakt können Sie aufnehmen per Post:
Manfred Scherrmann, Praxis für systemische Lösungen,
Großcomburger Weg 21, 74523 Schwäbisch Hall,
oder per E-Mail: info@manfred-scherrmann.de

Starke Frauen lesen

Ingrid Riedel
Die gewandelte Frau
Vom Geheimnis der zweiten Lebenshälfte
Band 4892

Ingrid Riedel zeigt, wie Frauen neue Perspektiven, Freiheiten und Vertrauen entdecken und erleben können, auch in Zeiten der Krise.

Rotraud A. Perner
Wer den Himmel will, muss fliegen können
Erfolgsstrategien für Frauen
Band 5393

Ziele angehen. Eigenmacht und Übermut kreativ einsetzen, aber auch Klugheit und vernünftige Strategien. Das ist das Erfolgsrezept.

Alexa Mohl
Ich wart' nicht, bis der Prinz mich küsst
Frauen setzen sich durch – mit NLP
Band 5487

Das stärkt Ihr Durchsetzungsvermögen: Stärken herausfinden und einsetzen. Den Überblick behalten. Persönliches vom Sachlichen trennen.

Verena Kast
Trotz allem ICH
Gefühle des Selbstwerts und die Erfahrung von Identität
Band 5641

Verena Kast macht deutlich, was uns eigentlich zusammenhält – als je eigene Persönlichkeit. Das Standardwerk der großen Psychologin.

Gisela Preuschoff
Aschenputtels Geheimnis
Wie Frauen nach einer Trennung zu neuem Selbstvertrauen finden
Band 5679

Wenn der Partner gegangen ist, den Glauben an sich selbst nicht verlieren, den eigenen Wert – die Prinzessin in sich – wiederentdecken. Die Bilder und Symbole des Märchens können etwas in unserer Seele verwandeln.

Bert Hellinger bei Herder

Mit der Seele gehen
Gespräche mit Bert Hellinger
Hg. von Bertold Ulsamer/Harald Hohnen
192 Seiten, gebunden mit Schutzumschlag
ISBN 3-451-27579-1
Familienaufstellung: Einführung in die größeren Zusammenhänge von Bert Hellingers „Philosophie".

Liebe auf den zweiten Blick
Lösungen für Paare
256 Seiten, gebunden mit Schutzumschlag
ISBN 3-451-27798-0
Das Familienaufstellen ist eine Methode, mit der man die Möglichkeit hat, den anderen richtig zu erkennen und Lösungen zu finden.

Dankbar und gelassen
Im Einklang mit dem Leben
160 Seiten, gebunden mit Schutzumschlag
ISBN 3-451-29036-7
Ein Buch, das an das Eigentliche des menschlichen Daseins heranführt, an seinen Grund, der letztlich nicht-greifbares Geheimnis bleibt.

Wilfried Nelles
Das Hellinger-Prinzip
Informationen und Klärungen
Band 5352
Das Prinzip des Familienstellens nachvollziehbar und von innen her verständlich gemacht. Für alle, die sich kompetent informieren wollen.

Wilfried Nelles
Die Hellinger-Kontroverse
Fakten – Hintergründe – Klarstellungen
Band 5571
Therapeutisches Genie oder reaktionärer Psychoguru? Wilfried Nelles untersucht die Grundlagen der Kontroverse und bezieht engagiert Stellung.

HERDER spektrum

Neue Lebensperspektiven

Irmtraud Tarr
Loslassen – die Kunst, die vieles leichter macht
Band 5368

Loslassen, sich von alten Dingen trennen, sich auf das wirklich Wichtige einlassen: Das führt zu mehr Gelassenheit.

Entdecken, was uns glücklich macht
Perspektiven von: Bert Hellinger, Jirina Prekop, Wilhelm Schmid u. a.
Hrsg. von Lothar Riedel
Band 5467

Vom Glück der kleinen Dinge über das Glück der Gemeinschaft bis hin zum Glück des Lachens – über sich selbst, andere und die Welt.

Daniel Hell
Aufschwung für die Seele
Wege innerer Befreiung
Band 5572

Wer sich auf das leib-seelische Erleben einlässt, gewinnt an innerer Stärke: das Leben bekommt eine größere Spannweite. Eine neue hilfreiche Sicht.

Irmtraud Tarr
Besser als Schokolade
Positive Energien finden und neue Kräfte tanken
Band 5654

Dem Glück ein wenig nachhelfen, wenn es mal nicht so gut zu laufen scheint: Irmtraud Tarr verrät die kleinen Tricks, mit denen es gelingt, dem Leben seine positive Seite abzulisten – und zwar ganz ohne Schokolade.

Katherine Gibson
Aufgeräumt macht glücklich
Der kleine Entrümpel-Ratgeber
Band 5689

Schränke voll, Schreibtisch voll, der Kopf voll von unerledigten Dingen? Sie können nichts wegwerfen? Heben gerne Sachen auf? Da gibt es nur eines: Aufräumen, Ordnung schaffen, Aussortieren. Mit dem Kurzprogramm von Katherine Gibson macht das vor allem Spaß.

Wie Partnerschaft gelingt

Roswitha Defersdorf
Frischer Wind für die Partnerschaft
Besser miteinander reden
Band 5354

Die Sprache ist Spiegel unserer Wünsche, Ängste und Sehnsüchte. Wir können uns voreinander verbergen oder öffnen. Erhellend und mit vielen Beispielen.

Wolfgang Hantel-Quitmann
Die Liebe, der Alltag und ich
Partnerschaft zwischen Wunsch und Wirklichkeit
Band 5561

Am Anfang ist alles aufregend – aber früher oder später kehrt der Alltag ein. Der Autor schildert anschaulich und humorvoll, wie es gelingen kann, die große Liebe im Alltag wiederzufinden und zu leben.

Otto Brink
Liebe kann gelingen
Spielregeln für die Partnerschaft
Band 5632

Die „Ordnungen der Liebe" wirken in der Tiefe. Wer sie achtet, und ihnen gemäß handelt, lernt Störungspotentiale frühzeitig erkennen.

Erich H. Witte/Helga Wallschlag
Die fünf Säulen der Liebe
Wie Paare glücklich bleiben
Band 5676

Was hält das Glück zu zweit stabil? Die Autoren haben die Paare selbst befragt. Herausgekommen ist: Man kann einiges tun, damit die Liebe bleibt und wächst. Fünf Säulen für eine Beziehung mit Kopf und Herz.

Christina Lämmer
Zur Partnerschaft gehören zwei
Die Beziehungskrise als Chance nutzen
Band 5685

Ein ungewöhnlicher Zugang zu Krisenzeiten in der Partnerschaft. Sie sind die Chance zur persönlichen Weiterentwicklung und zur individuellen Reifung.